조선의 명의들

조선의 명의들

차례

Contents

전순의, 음식으로 치료하는 의사

음식이 곧 약이다

'의식동원醫食同源'이라는 말이 있다. 이 말은 질병 치료와 음식은 인간의 건강을 유지하기 위한 것으로, 그 근원이 같음을 뜻한다. 조선 시대에는 이를 '식치食治'라고 했다. 음식으로 치료한다는 뜻이다. 음식보다 약물에 의존하면 '약치藥治'라 하는데 약치보다 식치를 강조한 때가 있다. 식치 의학의 보고인 『식료찬요食療纂要』를 보면 이를 알 수 있다.

조선의 성군聖君인 세종은 심한 갈증으로 고생했는데 이는 현대의 당뇨병으로 짐작된다. 당시 어의御醫들은 세종께 약 대신 음식으로 치료하는 것이 좋다며 닭고기나 꿩고기를 권했다. 의원들을 비롯한 신하들도 여러 가지 약물보다는 식치, 곧 좋은 음식을 잘 먹는 일이 훨씬 중요하다고 보았다. 이것은 인종 임금의 위장병을 치료할 때에도 마찬가지였다.

음식으로 치료하는 의사, 식의

식치를 중요하게 여겨 왕실의 음식을 준비하고 관리하던 관청에 식치를 담당하는 전문 관리를 두었는데 이를 식의食醫라 한다. 고려 시대부터 왕실의 음식 관리 관청인 상식국尙食局에 식의를 두었으며, 고려 목종穆宗 때 처음 식의 제도를 시행했다. 고려 말 공민왕대에 이르기까지 상식국이 사선서司膳署로 바뀌었을 뿐 정9품의 식의는 그대로 이어졌다.

식의는 고대 중국 관료 체제의 이상인 주례周禮에서 비롯한 것이다. 식의는 임금의 밥과 반찬 등 건강에 관련된 여러 음식을 관장했다. 왕의 건강과 생명에 직결되는 음식을 다루므로 식의는 특별한 능력을 갖추어야 했다. 음식 재료의 성질과 어디에 좋은지 혹시 독이 있는지 잘 분별할 수 있도록 본초本草와 의학에 해박한 지식을 갖춰야 했다.

조선 시대에도 고려의 식의 제도는 이어졌다. 태조는 조선을 세우고 곧바로 문무백관의 관제를 정비했는데, 이때에도 사선서에 정9품의 식의 2명을 두었다. 그러다 1466년(세조 12년)에 식의 제도는 사라진다. 당시 도관서導官署(조선 시대 궁중의 쌀과 곡식 및 장醬 등의 관리를 맡은 관청)와 음식 제조청인 사선서를 합쳐 사선시司膳寺로 확장하면서 식의 제도를 폐지한 것이다. 그 뒤 조선 전기의 모든 제도를 정비하는『경국대전經國大典』편찬 단계에 이르러서도 사선시가 사옹원司饔院으로 이름만 바뀌고 식의는 모습을 드러내지 않는다.

그렇다면 고려 말 이래 조선 초까지 어선의 식치를 관장하던 식의는 세조 시절 사선시 확장과 함께 없어졌다는 말이 된다. 그러나 사실 세조는 그 누구보다도 식의를 강조했다. 그는 조선 임금들 가운데 유일하게 장문의『의약론醫藥論』을 쓸 만큼 의학에 해박했고, 특히 약물보다는 음식으로 몸을 보양하는 식의를 으뜸으로 생각했다. 그런 세조가 어째서 어선을 관리하는 식의를 폐지했을까? 언뜻 납득이 가지 않는다.

세조의 식의론

세조의『의약론』가운데 '식의'의 중요성을 강조한 언급을 보면 의아함은 더욱 커진다. 세조는 1463년(세조 9년)『의약론』을 지어 신하들에게 보이고, 어의를 동원해 주석을 달아 인쇄해 세상에 보급하도록 명했다.

세조는 이 글에서 여덟 가지의 의사를 논했다. 세조가 말한 의사의 유형을 보면 첫째가 심의心醫요, 둘째가 식의食醫이며, 셋째가 약의藥醫, 넷째가 혼의昏醫, 다섯째가 광의狂醫, 여섯째가 망의妄醫, 일곱째가 사의詐醫, 여덟째가 살의殺醫다.

먼저 심의는 사람들이 스스로 항상 마음을 편안하게 가지도록 가르치는 사람이다. 환자의 마음이 동요하지 않게 해서 위태할 때에도 큰 해가 없게 하고, 환자가 원하는 것이 있으면 이를 곡진히 따르는 사람이다. 마음이 편안하면 기운도 편안 해지기 때문이다. 그러나 그렇다고 해서 병자와 함께 술을 마시고 취해서 깨어나지 못한다면 심의가 아니라고 말한다. 심의는 실로 세조가 으뜸으로 친 의사다. 먼저 사람들이 병에 걸리지 않도록 스스로 몸을 살피게 하며, 병들었을 때에는 환자의 마음에 맞추어 강제하지 않는 '무위지치無爲之治'(성인의 덕이 지극히 커서 아무 일을 하지 않아도 천하가 저절로 잘 다스려짐)를 행한다. 그러나 사실 이것은 그저 바람일 뿐, 현실성이 없는 치료법이다.

그러므로 의사 가운데 실제로 최고라 할 수 있는 자는 식의다. 식의는 입에 달게 만들어 음식을 먹게 하는 사람이다. 입이 달면 기운이 편안하고 입이 쓰면 몸이 괴로워지기 때문이다. 그렇다고 음식을 가리라는 것은 아니다. 음식에도 차고 더운 것이 있으며 맛이 아니라 그 성질에 따라 처방해야 치료할 수 있다. 때문에 음식이 무조건 쓰고 시어야 한다거나, 마른풀이나 썩은 뿌리를 먹어야 낫는다는 핑계를 대서는 안 된다. 그리고 과식을 막아야 한다. 이것이 식의에 대한 세조의 주장이다. 세조의 논설이야말로 식치를 가장 적절하게 표현한 것이라 할 수 있다.

한편 세조는 약의藥醫는 다만 처방에 따라 약을 쓸 줄만 알고 위급하고 곤란한 때에는 약을 먹으라고 자주 권하는 사람으로 보았다. 이는 약의를 식의보다 낮추어 비판한 대목이다.

이와 같은 세조의 논설에 따라 조선 전기의 식치론食治論은 완성되었다. 그런 그가 식의를 폐지했으니 더욱 의아할 수밖에 없다.

어선에서 어약으로

의문은 조선 전기 의서들을 들추어 보면 조금 풀린다. 조선 전기를 대표하는 의서 『향약집성방鄕藥集成方』이나 『의방유취醫方類聚』에는 모두 식의나 식치에 주의를 기울인 흔적이 엿보인다. 이 서적들은 중국의 식치 관련 의서들을 인용해 약으로 병을 고칠 수도 있지만 그에 앞서 음식으로 몸의 힘을 기르는 일이 더 중요하다고 강조했다. 이는 치료 효과를 높이기 위해서는 음식을 통한 보양이 꼭 필요함을 뜻하는 것이다.

"병을 치료할 때에는 약효가 충분히 나타나게 하는 것이 먼저다. 음식과 섭생을 잘하는 일이 약효의 절반 이상을 차지한다. 그러므로 환자는 되도록 음식과 섭생을 잘 해야 장생할 수 있으니 음식과 섭생이 단지 병을 치료하는 데만 그치는 일이 아닌 것이다."

(『향약집성방』「약물 복용 방법」 가운데)

『의방유취』는 특히 '식치'를 강조했다. 『의방유취』에서 식의에 대한 관심을 잘 살펴볼 수 있는 부분이 총론 「식치양로서食治養老序」이다. 병을 잘 다스리는 것보다는 병들기 전에 주의하는 것이 더 낫고, 약으로 치료하는 것보다는 음식으로 치료하는 것이 더 좋다는 내용이다. 즉, 음식으로 치료해 보고 효과가 없으면 약물로 치료한다는 것이다. 『의방유취』의 저자들은 대표 의서들을 참고해 병마다 식치 처방들을 따로 정리해 두었다. 식치를 약물 치료에 버금가게 중요하게 여긴 셈이다.

이런 과정을 거치면서 식치는 음식 책보다는 의학책에서 다루어야 할 의학 지식이 되었다. 식의 역시 어선을 준비하는 부서인 사선시가 아닌 전문의들이 담당할 일로 인식되었다. 이제 식의는 음식 제조 부서에 근무하는 말단 관리에서 내의원 어의로 높아졌다. 말하자면 어선御膳에서 어약御藥으로 변하는 가운데 식의의 담당 기관 또한 바뀐 것이다.

명의 전순의는 이렇게 치료한다

세조는 식의에 큰 관심을 둔 임금이다. 당시 세조의 뜻을 받들어 식의의 중요성을 한 권의 책으로 집대성한 사람이 있는데 『식료찬요』를 쓴 명의 전순의全楯義가 바로 그 주인공이다.

1460년(세조 4년)에 편찬한 『식료찬요』는 조선 전기 식치 의학을 종합하였다. 그 처방들이 대개 『향약집성방』이나 『의방유취』와 같은데, 이는 매우 분량이 많은『향약집성방』이나『의방유취』에서 식치 의학의 정수만을 따로 모았기 때문이다. 이 책의「서문」에는 식치의 중요성이 잘 드러나 있다.

> "세상을 살아가는 데 사람에게 음식이 으뜸이고 약물이 그 다음이다. 시기에 맞추어 바람과 추위와 더위와 습기를 막아 주고 음식과 색을 절제한다면 왜 병이 생기겠는가? (중략) 옛 선조들은 먼저 음식으로 치료하고 음식으로 치료하지 못하면 약으로 치료한다고 했으니 음식의 효능이 약의 절반을 넘는다. 또한 오곡五穀, 오육五肉, 오과五果, 오채五菜로 병을 고쳐야지, 어찌 마른 풀과 죽은 뿌리에 치료법이 있겠는가? 이것이 고인이 병을 음식으로 치료하는 이유다."
>
> (『식료찬요』「서문」 가운데)

전순의는 세종대에서 세조대에 걸쳐 활약한 조선 전기의 어의로 세종대인 1445년에 365권이나 되는 동양 최대의 의학 백과 사전인『의방유취』편찬에 참여했다. 1447년에는『침구택일편집鍼灸擇日編集』을 김의손金義孫과 함께 썼고, 그 뒤『산가요록山家要錄』으로 조선의 고유한 음식과 술 제조법을 정리하기도 했다.

전순의는 한때 문종의 죽음에 대한 책임을 지고 관직에서 물러났으나 세조의 즉위와 함께 공신에 책봉되었다. 그는 관직에 복귀하고 더욱 활발히 활동했다. 특히 세조는 그를 총애

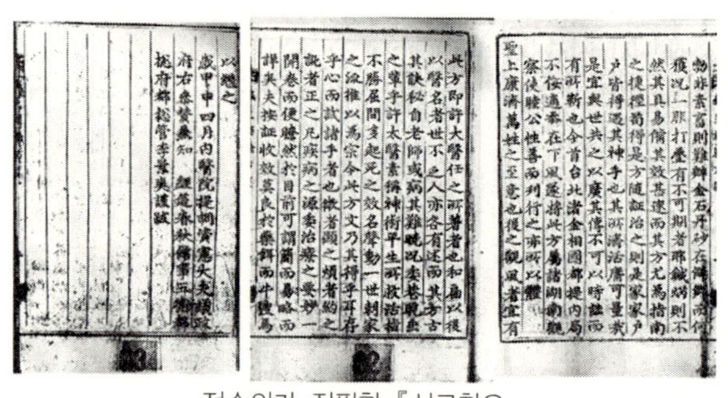

전순의가 집필한 『식료찬요』.

해, 그가 1460년경 식치에 관한 총론을 쓰자 직접 '식료찬요'
라는 제목을 지어 줄 정도였다.

전순의는 나이가 들어서도 매우 기운차게 활동했으며 당시
사람들에게도 최고의 의술로 정평이 나 있었다. 조선 초 학자
인 사가四佳 서거정徐居正의 시에 이러한 그의 모습이 잘 드러
나 있다.

白髮鴻樞愈健強 백발의 홍추鴻樞 여전히 건강하네
人言醫術最精詳 사람들은 말하지 의술이 가장 정밀하다고
(하략)
(『사가집四佳集』 권12 「시류詩類」 가운데)

서거정이 하루는 몸이 안 좋아 뜸을 맞아야 했는데 전순의
가 몸소 찾아와 뜸자리를 표시해 주고 돌아갔다. 조선 초에는
의원이 몸에 뜸자리를 표시하면 의녀가 와서 그 자리에 뜸이
나 침을 놓았던 모양이다. 이 때 효과를 본 서거정이 전순의를
시로 칭송한 것이다. 당시 전순의는 중추부中樞府 동지중추부

사同知中樞府事라는 고위 관리를 지내고 있었다. 홍추는 바로
중추부의 별명이었으니 서거정이 이를 빗대어 노래했다.

조선의 대표 식치 음식

『식료찬요』는 여러 가지 풍병風病(중추 신경 계통에서 일어나는
현기증, 졸도, 경련 따위의 병증)에서 시작해, 상한傷寒(추위로 인해 생
기는 감기, 급성, 열병, 폐렴 등), 심복통心腹痛(근심 따위로 인해 명치 아
래와 배가 동시에 아픈 증상)과 소아들의 질병과 경기에 이르기까
지 모두 45부문으로 나누어 온갖 질병과 처방을 소개한다.

이 책에 수록한 식치의 사례를 몇 가지 살펴보자. 먼저 갑
자기 중풍에 걸려 말을 하지 못할 경우에는 콩을 삶아 그 즙
을 엿처럼 고아 먹으라고 권했다. 중풍이되 얼굴이 부은 경우
라면 파를 삶아 먹도록 했고 말이 어눌해지고 손발을 쓰지 못
할 때에는 율무를 이용하도록 했다. 토혈에는 무를 통째로 구
워 먹거나 삶아 먹어 보라고 권했다. 잦은 기침에는 좋은 배를
구해 씨를 빼고 갈아 즙을 낸 다음 산초 40개를 넣고 끓여 내
어 찌꺼기는 버리고 엿을 고아 먹는다. 이것은 우리가 기침을
치료할 때 민간에서 여전히 이용하는 방법이니, 현재 전하는
민간요법의 연원이 매우 오래되었음을 짐작케 한다.

이 밖에도 속을 데워 주고 비위를 기르는 방법으로 소고기
를 먹어 원기를 보충하도록 하거나, 허리가 아플 때는 참깨를
먹으라는 등의 다양한 식이요법을 소개하고 있다. 또 술에 취

해 깨어나지 않을 때에는 배추씨를 갈아 물에 타 먹으라는 제안도 있다. 이처럼 『식료찬요』에는 생활 속에서 쉽게 구할 수 있는 음식을 통해 질병을 막고 치료하는 다양한 방법들이 수록되어 있다.

외국에서도 사랑받은 조선의 약선 음식들

전순의가 쓴 『산가요록』에는 조선 왕실의 대표 식치 음식으로 자리 잡은 전약煎藥(조선 왕실의 겨울 보양식으로 쇠가죽과 대추살, 후추, 계피, 꿀 등을 고아 굳힌 음식)의 원형을 소개하고 있다. 이른바 '우무 전과煎果'가 그것이다. 이것은 전순의와 같은 식의가 왕실 식료품으로 개발한 특별식이다.

우무 전과는 우뭇가사리의 젤라틴에 꿀과 후추 등 향신료를 약간 넣어 만든 것으로, 쫄깃하면서 달콤하고 이국 향신료의 풍미風味까지 곁들인 음식이다. 이 음식은 동짓달에 일정한 때마다 임금에게 올리는 보양식이 되었고, 나중에는 중국이나 일본 등 외국 사신들에게 접대하는 이른바 조선을 대표하는 음식으로도 각광받았다. 겨울철에 몸을 따뜻하게 해 주고 기운을 북돋아 주는 약효가 있을 뿐 아니라 계피와 후추, 꿀 등을 넣은 쫄깃한 젤리의 맛 또한 극상품極上品이었기 때문이다.

이렇게 해서 탄생한 약선 음식에는 약밥과 콩장, 전약 등이 있다. 이 음식들은 조선인뿐만 아니라 중국 등 외국인들도 두

루 좋아하는 동아시아의 음식으로 발전했다. 이는 맛과 치료
라는 두 가지 목적을 모두 달성하려던 조선의 식의 철학이 거
둔 큰 성과였다.

임언국, 조선 외과 수술의 선구자

종기, 위험한 질환

공부를 많이 한 임금으로 알려진 정조는 의학에 해박했으며 백성을 오래 살게 하는 묘한 비법이라는 제목(『수민묘전壽民妙詮』)의 의서를 지을 정도였다. 정조는 자신의 병에 대해서도 항상 어의들에게 지도하며 의원들의 의견을 무시한 채 자신의 뜻대로 고집을 내세우는 경우가 많았다.

정조는 한때 자신의 머리와 얼굴에 난 종기가 점차 심해지자 여름철이라 침과 뜸을 놓기 어렵다는 의원들의 견해를 무시하고 자신이 정한 혈자리에 침을 놓도록 명하기도 했다. 그러나 나중에 등에 난 커다란 종기는 어찌하지 못하고 그만 세상을 떠나고 말았다.

종기는 조선 시대에 가장 위험한 질환 가운데 하나였다. 지금처럼 위생 환경이 좋지도 않았을 뿐 더러 외과 수술도 발달하지 않은 시대여서 종기의 위험은 지금과 견줄 수 없을 만큼 컸다. 특별한 치료법이 없어, 고름을 빨아 종기를 제거하는 효자들의 이야기가 적지 않게 돌던 그런 시대였다.

> 오준吳俊은 전라도 흥덕현 사람인데 아버지가 종기를 앓자 고름을 직접 빨아냈다. 병이 깊어지자 아버지의 변을 맛보는 등 지극히 돌보다가 아버지가 돌아가시자 매우 슬퍼하며 예를 다했다. 이에 나라에서 그의 효성을 크게 칭찬했다.
> (『동국신속삼강행실도』 가운데)

종기 치료하는 의사

조선 초기에는 침구술에 능한 의사들이 종기를 침으로 찔러 치료하는 일이 가끔 있었지만 종기 치료만을 전문으로 담당한 의사들은 없었다. 그러나 악창惡瘡이나 종기로 죽는 경우가 많았기 때문에 종기를 비롯한 다양한 외상을 전문으로 치료하는 의사들이 필요했다. 이에 점차 종기 치료, 즉 치종을 전문으로 하는 의사들이 생겨났고 이들을 치종의治腫醫라고 불렀다. 조선 전기의 『경국대전』 예전禮典을 보면 의서에 능하지 않더라도 종기를 잘 고치거나 여러 가지 악병을 고치는 기술을 지닌 자들을 특별히 채용한다는 내용이 수록되어 있다. 이것은 치종의 제도를 마련한 최초의 법전 규정이다. 그 뒤 1543년에 간행한 『대전후속록大典後續錄』에도 치종의 한 명을 둔다는 규정이 이어진 것을 보면 치종의 제도가 어느 정도 자리 잡았음을 알 수 있다.

명성이 자자한 치종 전문의로는 중종대 명의로 꼽는 김순몽金順蒙이 있다. 그는 의학에 능했을 뿐 아니라 치종에도 뛰어났다고 한다. 뒤이어 16세기에 활약한 김수량 역시 특별한 종기 치료술로 유명했다. 그는 칼로 종기를 도려내는 특별한 기술을 지녔다. 안분당 이희보가 다리에 혹이 자라더니 처음에 개암이나 밤톨만 하다가 점차 커져 격구(현대의 하키와 비슷한 전통 놀이)하는 공만큼 자랐다. 앉거나 말 탈 때에 매우 불편했는데 이를 김수량이 신기하게도 칼로 도려내 깨끗하게 치료한 것이다. 김수량은 의서를 공부하지 않고 기술을 스스로 익혀 어떤 악창도 모두 치료해 양반과 문인들이 그를 칭찬했다.

그러나 지금 살펴볼 임언국任彦國이야말로 조선 치종학의 수준을 현재 외과학에 버금가는 수준으로 끌어올린 대표 의사라 할 수 있다. 중종대와 명종대를 걸쳐 활동한 그는 혼자 공부해 종기 치료의 새로운 경지를 개척했다. 당시 그가 펼친 종기 치료술은 급격히 발전해서 치종학 분야가 전문성을 지니는 데 한 몫을 했다. 또한 새로운 차원의 치종학은 치종청治腫廳 같은 새로운 의학 관청의 설립으로 이어졌다. 임언국의 치종술은 소독과 외과 수술을 동원한 새로운 방법으로 『치종비방

治腫秘方』이라는 의서를 통해 전하고 있다.

임언국의 『치종비방』

임언국의 고향은 전라도 정읍으로 누대에 걸쳐 그곳에서 살아온 집안의 유학자다. 그의 천성이 매우 효성스러워 어머니가 종기를 앓아 여러 약을 써도 듣지를 않자 영은사라는 절의 한 노스님에게 침술을 전수받아 어머니의 질병을 고친 뒤, 스스로 묘법을 터득해 종기 말고도 다른 질병들을 치료하는 데 힘썼다.

한번은 임언국이 이웃을 지나는데, 사람이 죽어 염을 하려고 준비하고 있었다. 이에 임언국이 침을 놓아 살렸다. 조정에서 이 소식을 듣고 그를 서울로 불러서 의복을 하사하고 관직을 제수해 서울에 머물면서 사람들을 치료하도록 했다. 그러나 임언국은 여러 번 과거에 떨어진 상태라 병조에서 군직을 붙여 관직에 서용할 수밖에 없었다. 그것도 9품의 낮은 직위였다. 임언국이 이를 마다하지는 않았으나 월급이 너무 적어 이를 가지고는 서울에 머물 수가 없었다. 이에 신하들은 임언국을 전의감 치종교수직에 소속시켜 적당한 월급과 품계를 마련해 주고 서울에 오래 머물면서 환자들을 치료하며, 한편으로는 그가 의술을 가르치도록 요청했다. 그 뒤 그의 전의감 의학교수직 수락 여부는 확실치 않으나 그는 마지막으로 종6품의 예빈시禮賓寺 주부主簿로 관직 생활을 했다. 그동안 그가 살

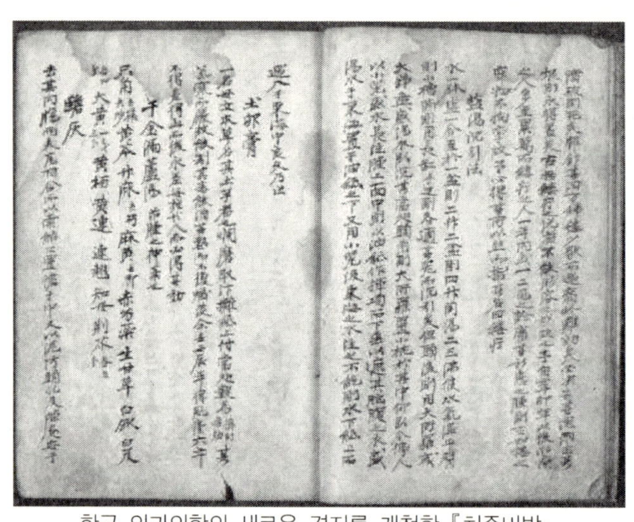

한국 외과의학의 새로운 경지를 개척한 『치종비방』.

린 사람은 만여 명에 달했다고 한다.

사실 임언국의 치종기술을 수록한 『치종비방』은 널리 전해지지 않았다. 그러다 전라도 관찰사로 취임한 안위安瑋가 이를 구해서 쓸모 있는 처방들을 널리 보급하려고 전라도 금산군수 이억상에게 부탁해 1559년(명종14)에 출판함으로써 세상에 전하게 되었다. 현재 이 책은 일본의 궁내청 서릉부에 보관되어 있으며 필사본이 한국학중앙연구원(구 한국정신문화연구원) 장서각에 전하고 있다.

종기의 분류와 치료법

『치종비방』에서 임언국은 종기를 다섯 가지로 나누어 각각 자세한 치료법을 제시했고 마지막에 등창 치료를 위한 절개법을 소개했는데, 이는 당시의 침술과는 달리 다양한 수술칼을 이용한 뛰어난 외과 수술법이라 할 수 있다.

　임언국은 종기를 화정, 석정, 수정, 마정, 누정 등 다섯 가지로 나눴다. 이들 종기의 이름은 임언국이 새롭게 지은 것이다. 먼저 화정火丁은 붉은 색이 불과 같아서 붙인 이름이다. 머리에 생긴 경우라면 침으로 찔러 피를 내고 소금물로 자주 씻어낸다. 소금물로 닦지 않을 때나 잠들었을 때는 종기 둘레에 있는 머리카락을 깎아내고 토란고土卵膏를 붙여 독기를 빨아낸다. 얼굴에 생긴 경우에는 종기가 있는 부위와 백회와 척택혈에 침을 놓아 독을 빼고, 소금물로 종기 부위를 닦아내 열기를 가라앉힌 뒤에 토란고를 붙이도록 한다. 팔다리에 생긴 경우에는 소금물로 충분히 닦아준다. 만약 치료가 어려울 때는 두꺼비를 태운 재를 천금누로탕千金漏蘆湯에 섞어 하루에 세 번 마시고, 중증인 경우에는 소금물로 목욕을 한다. 토란고는 토란을 으깨어 즙을 내어 종이에 발라 종기에 붙이는 것이다. 한편 소독물은 물 한 사발에 소금 1홉(약 180ml)의 비율을 섞어 두세 번 끓여 물의 온도가 적당하면 이를 종기 위에 충분히 부어 닦았다. 두꺼비는 내장을 제거하고 기와 두 장을 포개어 그 사이에 두꺼비를 넣고 불에 달구어 재를 만들어 먹였다.

　둘째, 석정石丁은 화정이 돌처럼 단단해진 것을 표현한 이름이다. 종기의 겉은 흰데 안이 붉다. 하루가 지나면 딱딱한 덩어리가 되는데 콩알만 하기도 하고 새알만 해지기도 한다. 만져보면 매우 아프고 돌처럼 단단하다. 침이 들어가지 않으므로 종기 둘레의 생살 사이에 침을 찔러 넣어 종기의 독을 없애도록 했다.

셋째, 수정水丁은 현재 림프선 염증의 한 종류를 말하는데, 붉은 색으로 손발에 잘 생기며 머리와 몸 부위 전반에 발생한 경우라면 이나 벼룩이 문 듯하며 개미가 지나간 것처럼 보이기도 해서 이를 만져도 알기가 어렵다고 했다. 종기 부위와 연결되는 경락 부위를 침으로 찔러 독을 제거한다.

넷째, 마정麻丁은 일종의 단독丹毒(피부의 헌 데나 다친 곳에 세균이 들어가서 열이 오르고 얼굴이 붉어지며 부어 종창, 동통을 일으키는 전염병)이다. 그 이름 역시 삼베의 느낌을 이용해 붙인 것이다. 색은 약간 희거나 붉은데 종기가 생기지만 아프지 않고 삼베의 겉처럼 까칠하다고 설명했다. 또한 몸 전체에 퍼지면서 점점 커지며 다리 부위는 1척(20cm정도) 정도, 그리고 머리부위는 1촌(2cm정도)정도 부어오르면 죽는다고 했다.

마지막으로 누정纏丁은 임언국이 수만 명을 치료하면서 드물게 판단한 종기의 하나로 일종의 실처럼 늘어진 움직이는 농양에 해당하는 질환이다. 증세를 판단하기 어렵고 침을 쓰기가 어려우므로 종기의 독소를 째서 제거하면 나을 수 있다고 보았다.

등창의 절개

책의 마지막에는 임언국의 특별한 종기 치료법인 등창 절개 기술에 대해 덧붙였다. 이는 현재 외과 수술에 해당할 만한 기술이다. 처음에는 종기 부위에 토란고를 붙이고 척택혈에 침을 놓는 정도로 치료한다. 그러나 낫지 않고 2~3일이 지나면서 종기가 커지면 침으로 찔러 종기의 뿌리를 제거한 뒤 토란고를 붙이고 다시 척택혈에 침을 놓는다. 그런데도 낫지 않고 4~5일이 지나면서 배만큼 커지면 침을 사용해 절개하고 제거하도록 권장했다.

절개하는 방법은 먼저 종기의 크고 작음, 깊고 얕음을 살피고 사방을 정해 먼저 종기의 오른쪽 위부터 왼쪽 아래까지 칼로 절개한다. 그 다음 왼쪽 윗부분에서 오른쪽 아랫부분에 이르도록 대각선으로 절개한다. 이렇게 십자 모양으로 절개해 나쁜 피를 뽑아낸다. 종기의 독기가 얕으면 절개를 얕게, 깊으면 깊이 절개한다. 임언국이 수술에 사용한 침은 그저 단순한 침이 아닌 일종의 수술칼로 보는 것이 맞다. 가령 농침膿鍼은 피부를 절개하기 위한 칼 모양이며, 곡침曲鍼은 끝이 갈고리 모양으로 무엇을 긁어내는 도구였다.

한편 침구멍에서 피가 그친 뒤에는 단지丹地를 붙이도록 했다. 단지는 '단지구灸'라고 하는데 일종의 유화수은(수은과 유황을 섞어 만든 검은 화합물, 경면주사라고도 함)을 면에 싸서 종기 위에 놓고 불을 붙여 뜸을 뜨는데 화상을 입지 않을 정도로 열을 주어 피를 멈추게 하며 소독한다. 이를 서너 번 하면 종기의 나쁜 즙이 모두 빠져나와 통증이 멈춘다고 보았다. 그 뒤 밤낮을 가리지 않고 소금물을 끓여 식힌 것을 계속 부어 주는데 종기가 꾸덕꾸덕 마르면 족제비 고기를 불에 태운 재를 종기의 구멍에 채워 넣고 참기름으로 주위를 닦아내었다.

마의를 응용한 임언국

임언국은 종기를 치료하는 시점이 매우 중요하다고 보았다. 종기가 처음 생겼을 때 이를 치료하지 않고 종기가 퍼진 뒤에 치료하려고 하면 너무 늦다고 주장했다. 따라서 종기가 처음 생길 때 신중히 살피고 독기를 제거하면 모두 치료할 수 있다고 말했다.

당시 학자이자 관리인 어숙권은 언젠가 임언국의 종기 치료 장면을 본 적이 있다. 임언국은 종기를 치료하는 데 침과 칼을 사용해 절개하거나 긁어낸 뒤 반드시 앵무새 고기를 불에 태워 이를 종기 구멍에 발라주었다. 이상하게 여긴 어숙권이 그 이유를 묻자 임언국은 한 동네에 살던 마의馬醫가 말의 종기를 치료한 뒤에 항상 앵무새 고기를 불에 태워 그 재를 발라주었는데 매우 효과가 좋아 자신이 사람에게 적용하였는데 역시 효과가 좋다고 말했다고 한다. 그는 동물에게 처치한 다양한 방법들을 인간의 치료에 적극 응용한 의사였다. 후일 임언국은 앵무새 대신 족제비를 불에 태운 재로 종기의 구멍을 지혈했다.

임언국의 종기치료술이 경락과 혈에 침을 놓는 방법을 완전히 버린 것은 아니지만, 실제로 필요한 경우라면 종기를 절개하고 피를 내어 고름을 제거하는 외과 수술을 했다는 점에

서 진일보한 방법이다. 이는 당대 명나라의 의사 설기薛己의
『외과추요外科樞要』나 이보다 뒤에 나온 외과 전문 의서인 진
실공陳實功의 『외과정종外科正宗』을 능가하는 종기치료법이
다. 등에 난 종기를 십자형으로 절개하고 소금물로 소독하고
지혈을 위해 재를 이용하는 수술 기법은 당시로서는 깜짝 놀
랄 만한 일이다. 임언국의 치종법을 일본에 소개한 한 의사는
침이 아닌 수술칼로 종기를 절개하는 방법을 보고 '피를 뽑아
내는 신기神技'라고 감탄했다 한다.

허준, 자연을 닮은 인간

허준의 일생

선조께서는 몸을 다스리는 방법으로 백성들을 구제하기 위해 의학에 관심을 두고 백성들의 병고를 걱정해 병신년 (1596년)에 태의太醫 허준許浚을 불러 다음과 같이 하교했다.

"요즘 조선이나 중국의 의학책들은 모두 변변치 않고 보잘 것 없는 것들이므로 그대는 여러 가지 의학책을 모아서 좋은 의학책을 하나 편찬하는 것이 좋겠다. 사람의 병은 다 제 몸을 보살피지 못하는 데서 생기므로 수양하는 방법을 먼저 쓰고 약과 침, 뜸은 그 다음에 쓸 것이며 여러 가지 처방이 번잡스럽기만 하므로 되도록 그 요긴한 것만을 추려낼 것이다. 산간벽지에는 의사와 약이 없어서 일찍 죽는 일이 많다. 우리나라 곳곳에는 향약鄕藥이 많지만 사람들이 잘 알지 못하니 이를 분류하고 고을 이름을 함께 적어 백성들이 알기 쉽게 하라"했다.   (『동의보감』「서문」)

허준(1539~1615)의 본관은 양천, 호는 구암龜巖이다. 아버지 허론許碖은 무과 출신으로 외직을 두루 거쳤으며 어머니는 영광김씨 가문의 서녀(첩의 딸)였다.

전라도 장성에서 태어난 허준은 어린 시절을 호남의 유학자들과 교류하면서 자랐고, 이를 기반으로 1569년 30세에 내의원 의원으로 천거되었다. 그 뒤 어의 양예수에게서 의학 수업을 받았다. 내의첨정內醫僉正, 내의정內醫正 등 승진을 거듭하던 그는 1581년 42세 때 한의학의 기초가 되는 『맥경脈經』을 왕명에 따라 직접 교정하고 출간했다. 1590년 51세 때는 당시 왕자(후일 광해군)의 천연두를 고침으로써 의관으로서는 파격인 당상관 직을 제수 받았다. 53세 되던 1592년 임진왜란이 일어나자 허준은 왕궁을 떠나 선조를 의주까지 보호하며 따랐으며 노쇠한 양예수를 대신해 실제로 내의원을 주도해 나갔다.

61세가 된 1600년에 양예수가 죽자

『장성읍지』에 기록되어 있는 허준.

명실상부한 수의가 되었다. 이때부터 그는 주로『동의보감』을 비롯한 의서 편찬에 주력했다. 1601년(선조34년) 봄에 선조는 허준에게 민중들의 구급용 의서를 준비토록 했고 이에 맞추어 그는『언해태산집요』(산부인과용 의서)『언해두창집요』(소아용 의서)『언해구급방』(장부용 의서)을 간행했다. 그 뒤 종합의서인『동의보감』간행에 들어갔으나 1608년 선조가 죽자 관례대로 수의로서 책임을 추국당하고 의주로 귀양을 가게 되었다. 1609년에 귀양이 풀리자 이듬해인 1610년 허준은 71세의 나이에『동의보감』25권을 완성했다. 그 뒤 1613년과 1614년에 연이어 신종 전염병(성홍열)이 창궐하자『신찬벽온방新撰辟瘟方』과『벽역신방辟疫神方』등을 저술했다. 1년 뒤인 1615년(광해군7년) 76세로 파란만장한 일생을 마쳤으며 나라에서는 그의 품계를 정1품으로 높여 주었다.

『동의보감』의 탄생과 새로운 인간과학

　『동의보감』의 전체 구성은 모두 다섯 편으로 내경편, 외형편, 잡병편, 탕액편, 침구편으로 나뉜다. 먼저 내경편內景篇 4권은『동의보감』전편의 의학론을 정리한 부분으로 허준의 의학론과 철학을 한눈에 살펴볼 수 있다.『동의보감』을 짓는 원칙이 수록되어 있기 때문이다. 이 원칙은 기존의 의학책들이 맞서지 못하는『동의보감』의 장점인데, 이른바 '양생론養生論'으로 통칭하는 수양의 방법이 들어 있다. 이밖에 내경편에는 주로 현재 내과의 질환에 해당하는 병증들을 수록했다.

다음 외형편外形篇 4권은 몸 외부에 생기는 질병과 이비인후과, 안과, 피부과, 비뇨기과 등의 질환에 대해 적혀 있다. 잡병편 11권은 진찰법, 병의 원인, 내경편과 외형편에서 언급하지 않은 여러 가지 내과 질병들에 대해 그 질병의 병론病論과 그 병증病症에 대한 처방들을 수록했다. 이른바 병리·진단학부터 구급, 부인, 소아과, 전염병 등에 대해 폭넓게 기록한 것이다.

잡병편雜病篇에는 구급, 부인, 소아의 질병 등을 따로 적어 훗날에 『동의보감』의 전체 구성이 혼란스럽고 중복됐다는 비판을 받기도 했으나, 여기에는 인간에 대한 허준의 이해가 가장 잘 드러나 있다. 한편 탕액편湯液篇 3권에는 당시 우리나라에서 흔히 사용한 약물 1천여 종에 대한 효능, 적용 증세, 채취법, 가공방법, 산지 등을 밝혀놓았으며 약물의 이름 밑에 민간에서 부르는 고을 이름을 한글로 달아놓기도 했다. 이른바 조선 시대 전기의 향약론으로 총칭하는 임상약물학이나 본초학의 집대성이라 할 만한 탕액편은 내경편과 함께 『동의보감』의 가치가 잘 드러나는 부분이다. 마지막으로 침구편鍼灸篇 1권에는 침과 뜸을 놓는 방법과 혈穴 자리, 적용 증상 등을 기술해 놓았다(이상 23편에 목차편 2권을 더해 총 25권으로 구성.).

허준은 『동의보감』을 완성하자 조선의 의학이 중국에서 벗어났다는 자신감을 드러냈다. 『동의보감』 1권 「집례」에서 허준은 중국과 조선을 포함한 동북아시아의 의학권을 동원東垣

의 북의北醫(이동원李東垣)와 단계丹溪의 남의南醫(주단계朱丹溪) 그리고 조선의 동의東醫(허준)로 구분했다. 허준은 당대의 조선 의학이 중국 의학에 버금가는 지역성을 구축했다는 자부심을 가졌다.

이미 여말선초에 새로운 유학과 함께 수입한 금원사대가(의학이 융성한 중국의 금원시대金元時代에 유명한 네 명의 대가. 유하간劉河間, 장자화張子和, 이동원李東垣, 주단계朱丹溪를 말함)와 명나라 초기의 의학이 양예수의 『의림촬요醫林撮要』 등을 통해 허준에게 전해졌으며 그 바탕 위에서 허준은 새로운 의학 지식을 자기 나름의 기준으로 분류하고 정리할 수 있었다. 특히 16세기 중후반 조선에 새롭게 도입하던 명대明代의 의학을 누군가 정리할 필요가 있었다. 이 일을 이뤄낸다면 조선 전기의 『의방유취』나 『향약집성방』이 나온 뒤 가장 큰 업적이 될 것이 분명했다.

그렇다면 이러한 특유의 정리와 편집을 가능케 하며 나아가 자부심까지 가지게 된 요인은 무엇일까? 허준은 가장 먼저 조선의 의학 전통을 들며, 중국과 함께 조선도 예부터 사승관계師承關係를 통한 의학과 의술을 전수했음을 강조하고 있다. 바로 고려시대 말엽부터 이어온 향약 사용의 전통과 계승이다. 향약 사용을 중심으로 한 경험방들의 수집과 전수는 조선 의학의 독자성을 담보하는 실증의 자연학이라 일컬을 만한 것이다. 즉 『동의보감』 탕액편에 보이는 수많은 '속방俗方' 기사들은 바로 전통 약물학의 지식으로 당시 조선에 분포하는 동

식물에 대한 자연과학을 바탕으로 한 이해가 어느 정도 쌓였
는지를 명백히 보여 주고 있다. 이러한 맥락에서 허준은 '조선
의 동의'를 정립하고 계승해야 한다는 자부심을 지닌 것 같다.
동시에, 정리한 의서의 내용이 만물의 변화를 비추어 밝혀내
는 것을 중국에서 '보감'이라고 하듯이 조선에서도 역시 보감
이라고 할 만하다는 생각으로 자신이 편찬한 의서에 '동의의
보물'이라는 이름을 붙였다.

그러나 허준은 동의의 체계를 구축하는 데 머물지 않고 그
것을 인간사회의 보편 질서인 인륜의 차원까지 연계하려 했
다. 다시 말해서 인륜에 바탕을 둔 자연학, 즉 동양의 전통 자
연관인 '하늘과 땅, 그리고 인간의 우주론'에 바탕을 둔 새로
운 의철학醫哲學을 이끌어낸 것이다.

허준은 『동의보감』의 서두를 한 장의 도판으로 시작한다.
백 마디의 말을 내뱉기보다는 한 번 보여 주는 것이 더 정확
하게 자신의 뜻을 전할 수 있다고 생
각한 것이다. 이른바 신형장부도身形
臟腑圖가 그것이다. 어떤 사람은 몸
안의 장기와 그 특징을 그림으로 표
현한 것이 뭐 대단하겠냐고 되물을지
모르지만, 사실 허준이 방대한 『동의
보감』에서 서술하려 한 인간의 정수
가 바로 이 도형과 논설에 있다고 해
도 지나치지 않다. 하늘을 상징하는

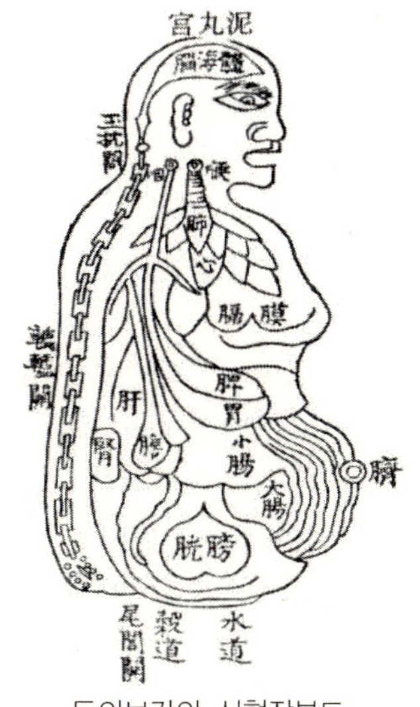

동의보감의 신형장부도.

머리와 땅을 나타내는 몸, 그리고 이 둘을 척추가 연결해 하늘과 땅의 타고난 기운에 태어나 얻은 기운을 소통, 순환하고 있다는 것이 그 내용이다. '자연을 닮은 인간, 그것이 바라는 것은 대단히 깊고 오묘하며 정치적이다.

자연을 닮은 인간

자연스러운 것은 몸에 밴 습관이든 마음의 습관이든 마찬가지이다. 밤에 한 쪽 방향으로만 누워서 자는 습관이 있는 사람은 자세를 바꾸어 자면 한동안 어리둥절한 경험을 하게 된다. 18세기의 실학자 성호 이익은 자신의 경험을 예로 들어 습관을 고치기는 어렵다고 토로한 바 있다. 또한 오랫동안 먹물이 벼루에 배게 되면 그것을 완전히 씻어낼 수 없다는 비유를 들어 습관을 고치는 것은 불가능하다고 과장하기도 했다.

몸에 배인 습관처럼 마음의 습관 역시 가장 강력한 자연스러움의 바탕이 된다. 너무나 자연스러워 무심결에 행동하고 사고하는 것들이 우리의 상식을 이룬다. 개인의 생각을 넘어서는 여러 사람들의 집단 심성을 상식이라고 정의한다면, 우리는 실로 다양한 수준과 내용으로 이루어진 상식의 굴레에서 벗어나지 못하고 있다. 우리는 대부분 자신의 상식에 근거한 행동과 사고방식을 자연스럽게 받아들이므로 상식에 어긋난 행동과 사고를 대하는 순간 불편하고 부자연스럽게 느끼는 것이다.

상식 가운데 오랜 시간 동안 몸에 밴 역사의 축적물을 보통 ‘문화’라고 한다. 문화는 보편이나 강제하는 권위도 필요 없는, 스스로 판단하는 정신의 발전들을 모은 것이다. 우리가 공기를 의식하지 않으면서 마시고 내뱉듯이 몸에 밴 문화 역시 거의 본능에 가까울 정도로 우리의 사고와 행동을 지배한다. 개인만 보더라도 몸에 밴 생각이나 행동은 자각 없이 우리를 움직이는 것처럼, 문화는 한 시대 구성원들의 몸과 마음을 조절하는 보이지 않는 원리다.

그런데 자연스럽게 몸에 배어 본성처럼 느껴지는 문화의 목록들을 정리하다보면 대부분 도덕이나 예절 등 지켜야 할 규칙과 관련되어 있음을 알 수 있다. 에토스ethos라는 단어의 어원이 ‘습관’이나 ‘관습’을 의미하고 있다는 것은 우연이 아니다. 도덕과 인륜은 습관의 자연스러움에서 기원하기 때문이다. 인륜, 즉 당연當然을 거부하기 힘든 이유는 바로 도덕이 ‘자연스러움’에 기초한 인식이기 때문이다.

‘자연스러운 것’은 곧 ‘당연한 것’이 될 수 있는데, 당연함은 자연스러움에 가장 가까울 때 그 효과가 가장 강력하다. 말하자면 ‘당연한 법도(當然之則)’들이 ‘자연의 법칙(自然之理)’과 한 몸이 될 때, 즉 당연한 도덕이 자연의 원리를 형이상학 차원에서 요청할 때 이 둘의 관계를 비판하고 회의하기가 어렵다는 말이다. 당연한 일은 너무나 자연스럽게 본성이 되고, 반면에 너무나 자연스러운 일도 당연한 것으로 여기기 때문이다.

이것은 아리스토텔레스가 말하는 피지스Physis(자연)와 노모

스Nomos(덕목)의 관계가 완전히 하나된 세상이다. 새로운 유학이 추구하는 것 역시 자연과 당연의 관계가 완전히 하나된 '성리학性理學'의 세계다. 즉, 인간의 본성이 곧 자연의 원리이며 자연의 원리가 곧 인간의 본성이 되는 것이다. 이는 인간이 지켜야 할 도덕률(人文)들이 본래 그런 것(人性)처럼 몸에 배는 상황, 따라서 당연의 질서를 자연의 원리로 이해하는 일이다. 이것이 새로운 유학의 '자연학'이었다.

이렇게 인문人文이 인성人性이 되면 자연은 도덕의 반대편에 있는 것이 아니라 당연함의 문화와 한 몸이 되어 버린다. 도덕과 문명의 반대로서의 자연이 아닌 도덕 그 자체로서의 자연인 셈이다.

인간 사회의 도덕률을 보증하기 위한 자연의 원리는 '자연스럽게' 인간사회로 끌어들여져야 한다. 자연과 한 몸인 인간, 그리고 인간과 똑같은 자연, 이것이 바로 조선 성리학이 향하는 천天·지地·인人의 상징이다. 이를 위해 인간 세상의 도리가 자연의 원리와 한결같음을 증명할 필요가 있었다. 다시 말해 인간의 형성 뿐 아니라 인간 자체가 자연과 일치해야 함을 과학을 통해 보여줄 필요가 있다는 말이다.

이것이 바로 국가의 대규모 연구로 완성된 의서 『동의보감』의 지향점이었다. 이 책은 인간을 소우주로 규정함으로써 자연의 원리를 인간사회의 질서, 즉 당연當然의 세계로 끌어들이는 데 큰 역할을 했다. 이러한 유교 인간론은 「신형장부론」에서 두드러지게 나타난다.

사람은 우주에서 가장 지체가 높고 귀한 존재다. 머리가 둥근 것은 하늘을 본뜬 것이고, 발이 네모난 것은 땅을 본받은 것이다. 하늘에 사시가 있으니 사람에게는 사지가 있다. 하늘에 오행五行이 있으니 사람에게는 오장五臟이 있다. 하늘에는 육극六極이 있으니 사람에게는 육부六腑가 있다. 하늘에 팔풍八風이 있으니 사람에게는 팔절八節이 있다. 하늘에 구성九星이 있으니 사람에게는 구규九竅가 있다. 하늘에 12시時가 있으니 사람에게는 12경맥硬脈이 있다. 하늘에 24기氣가 있으니 사람에게는 24유유가 있다. 하늘에 365도度가 있으니 사람에게는 365골절骨節이 있다. 하늘에 일월이 있으니 사람에게는 안목이 있다. 하늘에 주야가 있으니 사람에게는 오매寤寐가 있다. 하늘에 뇌전雷電이 있으니 사람에게는 희로喜怒가 있고, 하늘에 우로雨露가 있으니 사람에게는 눈물이 있다. 하늘에 음양陰陽이 있으니 사람에게는 한열寒熱이 있고 땅에 천수泉水가 있으니 사람에게는 혈맥血脈이 있으며 땅에 초목과 금석이 있으니 사람에게는 모발과 치아가 있다. 이러한 것은 모두 사대四大, 오상五常이 묘하고 아름답게 조화되어 성립한 것이다.

양생의 정치학

조선 시대의 유학은 도교와 불교의 주술과 구복 차원의 인체론을 넘어 새로운 차원의 인체과학을 만들어야 했다. 그러면서도 불교와 도교의 내용을 배제하지 않고 이를 아우르는 결과물이 필요했다.

『동의보감』은 불교와 도교의 인간학을 모두 아우르면서 새로운 인간과학의 정당성을 주술이나 구복의 세계가 아닌 하늘의 법칙에서 가져왔다. '자연을 닮은 인간'은 당연히 '자연의 원리'를 따르지 않을 수 없다. 춘하추동의 순리, 밤과 낮의 질서, 음과 양의 조화, 인륜의 구현 이 모두 당연한 인간의 삶이 바탕으로 삼아야 하는 자연의 원리였다. 『동의보감』의 양생학은 바로 이를 나타낸 인륜의 의학이다. 이는 자연스러운 삶이 곧 인간의 마땅한 도리요, 인륜의 마땅함을 지키는 일이 건강의 지름길이라고 여겼기 때문이다.

유학을 중심으로 불교나 도교를 회통하려는 철학은 16세기 중후반 서울과 한강 이북의 경기도 일대의 철학자들이 먼저 준비하고 있었다. 허준의 스승인 양예수와 『동의보감』 편찬의 기초를 설계한 유의儒醫 정작 등에게서 나타나는 유학과 도가와 불교를 넘나드는 회통의 사상은 매우 중요한 의미를 지닌다.

중국을 시원으로 하는 동양 의학은 시작부터 양생 등 도가 철학에 근거했다. 중국 최고의 의서인 『내경內經』의 첫머리에서 자연에 조응하는 양생의 도를 설명한 뒤, 전통 의학은 자연을 따르는 양생설과 밀접한 관계를 유지할 수밖에 없었다. 물론 『동의보감』도 이러한 철학을 뼈대로 조선 의학의 전통을 정리했다. 『동의보감』의 서문격인 「집례」를 보면 "도道는 정精을 얻고 의醫는 조粗를 얻는다"고 되어 있다. 그러나 이때의

'도'는 단지 도가道家들의 개념에 국한된 것은 아니었다. 이는 인간을 포함한 우주가 따라야 하며, 따르고 있는 원리로서의 도(덕) 그 자체였다. 유학이나 도가, 그리고 불교 어느 하나에 제한되지 않는 넓은 의미의 진리였던 것이다. 조선사회가 기본적으로 유교사회인 점을 감안한다면, 유학을 중심으로 하되 도가와 불교의 철학을 회통하는 삼교통합의 철학이 반영되었음을 감지할 수 있다. 이것이 허준이 이루어낸 새로운 인체과학, 즉 『동의보감』의 양생학이다.

『동의보감』은 몸이 소우주임을 천명함으로써 소우주인 인간과 대우주인 자연의 상응을 증명했다. 그럼으로써 인간 사회의 '당연함의 질서'를 '자연의 법칙'으로 마음 깊이 받아들이는 발판을 마련했다. 또한 자연의 질서를 인간의 윤리로 자연스럽게 받아들이는 기회를 얻었다. 『동의보감』이 유학자들과의 합동작업이라는 점을 떠올릴 필요가 있다. 인간사회의 질서를 유지하기 위한 당연한 것들의 목록, 즉 유학자들이 주장하는 많은 도덕의 항목들이 '자연의 법칙'이 된 것이다.

유학자들은 부당한 삶은 인륜에 어긋나는 일이며 양생에도 적합하지 않으므로 자연스럽게 사는 일이야말로 가장 건강한 삶의 기초이자 윤리를 따르는 삶의 전제라고 여겼다. 자연을 닮는 것은 첫째로 인륜을 알고 지키는 것이요, 둘째로 수양하는 것이다. 조선의 양생학이 외단外丹(마음의 수양보다는 약물의 섭취 등 외부 방법으로 장생을 추구하는 방법)보다 수양과 절제를 강조하는 내단內丹(마음의 수양에 치중하는 섭생 방법)으로 침잠한 이유는 매우 분명하다. 『동의보감』의 양생학이 그랬듯이 양생이란 자연에서 기원한 당연의 질서와 문화의 절제를 몸에 비추는 것이기 때문이다.

분명히 허준의 『동의보감』은 조선 시대 초기부터 전해온 특유한 향약鄕藥 의학과 양예수의 스승인 장한웅張漢雄과 정작鄭碏 등에게서 이어진 도교와 불교, 유학을 회통하고 나아가 명나라의 새로운 의학을 통합한 16세기 후반의 조선 의학의 일대 결정판이다.

그러나 더욱 주목해야 할 점은 『동의보감』의 인간과학이야말로 도교와 불교를 넘어 새로운 시대정신으로 자리 잡은 유교의 윤리에 따른 삶을 철학으로 뒷받침하려 했다는 사실이다. 『동의보감』을 통해 의술은 유교의 통치술이 되었고 유교는 과학의 근거를 얻게 되었다. 몸을 아우르는 새로운 인체과학은 인류의 정당성을 자연의 법칙에서 구함으로써 그것을 비판할 수 없는 영역에 있는 것처럼 만들었다.

『동의보감』의 가치는 바로 여기에 있다. 자연과 인간을 완전하게 이어준 '신형장부론'의 과학, 이는 자연과 인간의 관계에 대한 유학의 이념을 몸에 적용한 인간학이었다.

허임, 침구의 대가

허임의 생애와 치종 경력

　증세를 살펴 효과를 거두는 데에 약이 되는 음식보다 나은 것이 없다. 그러나 우수마발牛溲馬勃(소의 오줌과 말의 똥이라는 뜻으로, 하찮은 약재를 이름)이라도 평소에 모아두지 않으면 마련하기 어려운 법이다. 하물며 금석단사金石丹砂(금이나 주사와 같은 희귀한 약물을 이름)를 말해 무엇하랴. 하지만 이처럼 귀한 약재도 한 번 복용해 병이 낫기를 기약할 수 없다. 침놓는 것과 뜸뜨는 것은 그렇지 않다. 갖추기 쉬우면서도 효과는 매우 빠르니 그 처방은 지침 가운데 지름길이 되는 것이다. 　　　　　(『침구경험방鍼灸經驗方』「발문跋文」)

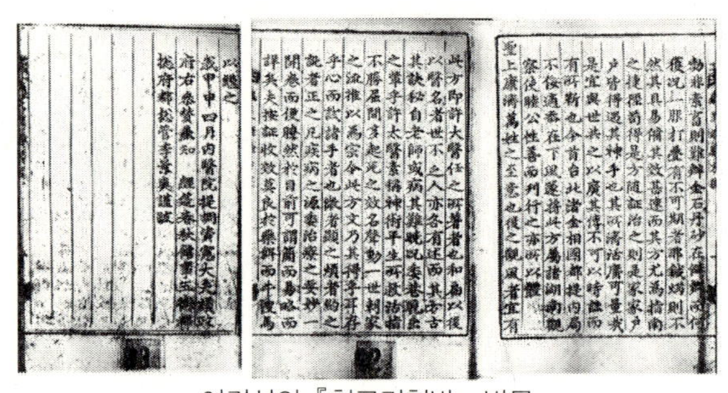

이경석의 『침구경험방』 발문.

이경석이 쓴 『침구경험방』의 발문이다. 이처럼 민중들은 약재를 구하기 어려워 약물 치료가 쉽지 않았다. 이에 비해 침구는 매우 간편하고 효과가 빠르다는 장점을 지녔다. 민간인 의료에서 침구는 약물보다 훨씬 효과가 높았다. 당연히 침구를 널리 보급하려는 정책이 떠올랐고 이는 임란이나 호란과 같은 전시 상황을 겪은 뒤에 더욱 중요해졌다.

조선을 대표하는 침구의는 허임이다. 그는 천민 출신이지만 중국과 일본에까지 그 명성을 드날리던 조선 최고의 명의가 되었다.

허임의 아버지는 악공樂工이었으며 어머니는 사비였다. 허억봉은 당대 최고의 피리꾼으로 만년에는 현금玄琴에도 능했던, 음악으로 일세를 풍미한 인물이었다. 강원도 양양의 관노官奴로 있던 허억봉은 피리를 잘 부는 덕에 왕실 행사에 악공으로 참여했고, 이를 계기로 장악원掌樂院 소속의 악공으로 활동했다. 그리고 정승 김귀영金貴榮 집안의 사비(곧 허임의 어머니)와 혼인해 허임을 낳았다.

한편, 오희문의 『쇄미록鎖尾錄』에는 임란 당시에 허임의 활

동상이 자세히 나타나 있다. 조금 길지만 그의 이야기를 들어
보면 다음과 같다.

밥을 먹고 태수太守(박춘무)를 관청으로 가서 보았다. 시
끄러워서 조용히 이야기하지 못하고 다만 딸의 병세를 물었
더니 아헌(東軒)으로 가서 허교수許敎授를 보고 물어보라고
하고 또한 침을 맞게 하라고 한다. 이에 의녀 복지를 불러
뜸들 자리를 점으로 찍고 나는 바로 돌아오고 복지는 따로
오게 했다. 침으로 두 손 15여 곳에 놓게 하고 저녁을 먹여
보냈다. 허교수는 이름이 임任이니 침술을 배워서 치종교수
治腫敎授가 되었다고 한다. 그 아버지는 전악典樂 허억봉이
다. 임은 처신하기를 양반같이 해서 태수의 자제들까지도
그를 양반으로 대접해 어깨를 나란히 하고 앉는다. 나는 그
런 줄도 모르고 서로 인사하고 들어가서 마주 앉아 존칭을
쓰는데 조금도 사양하는 빛이 없더니 물러나와 복지에게 물
어보고 나서야 비로소 그가 억봉의 아들임을 알았다. 너무
지나치고 몹시 분하도다.

(『쇄미록鎖尾錄』, 병신丙申[1596년] 11월 3일)

인용문의 앞 부분을 읽어보면 태수 박춘무朴春茂가 딸의 병
을 의논하기 위해 찾아온 오희문에게 차라리 허임을 찾아가
물어보고 침을 맞으라고 한 사실을 알 수 있다. 당시 박춘무
역시 침의鍼醫 출신 사또(임천군수林川郡守)였다. 물론 사또가
직접 나서서 치료하기보다는 허임에게 미루었다고 볼 수도 있

지만 허임을 추천한 것을 보면 이미 그의 의술이 매우 뛰어났음을 보여주는 사례로 여겨진다. 이보다 더 중요한 사실은 당시 허임의 직책이 '치종교수'였다는 점이다.

치종의治腫醫는 침구의鍼灸醫와는 또 다른 목적의 의원이다. 앞에서도 말했듯이 종기를 비롯한 다양한 외상을 전문으로 치료할 수 있는 의사들이 필요했고 치종을 전문으로 하는 치종의가 생겼다. 『경국대전』에 의서에 능하지 않더라도 종기를 잘 치료하거나 여러 가지 악병을 치료할 수 있는 기술을 가진 자들을 특별히 채용한다는 내용이 수록되어 있으며 1543년에 간행한 『대전후속록大典後續錄』에는 치종의 한 명을 둔다는 규정이 이어졌다.

중종대에는 치종의와 함께 치종청治腫廳이라는 독립 기관을 설치했으며 그 뒤 없앴다 다시 만들기를 거듭하면서 조선 후기에 이르렀다. 치종의는 전의감과 혜민서에 소속되었고 이 가운데 한 명은 치종교수직을 담당했다.

조선 시대 의학교수는 조선 초부터 도道 단위에 설치한 의원醫院에 파견되어 지방의 유생들 가운데 학식이 있는 자를 선발해 의업을 가르치도록 했다. 교수는 지방을 돌며 의생들을 가르쳐야 할 의무를 지닌 것이다.

이로 볼 때 허임 역시 당시 치종교수로 재직하며 임천군에 머물렀던 것으로 추정된다. 우리는 허임을 침구의로만 기억하고 있으나 1596년 당시 허임은 치종의로서 자신의 역할을 충실히 하고 있었음을 주목해야 한다. 치종의였다면 그가 참고

하고 배웠을 의서들은 조선 전기 임언국의『치종비방』과 같
은 의서류였음이 분명하다.

『침구경험방』의 치종 전통

치종의 전통을 강조한 이유는 바로 허임 의술의 근원을 살
피기 위한 단서 때문이다. 허임은 자신의『침구경험방鍼灸經驗
方』서문에서 "평소에 듣고 본 것을 편집해 (중략) 옛 사람들의
저술에 기대지 않았고, 다만 내 일생 동안 고심한 결정"이라
고 언급한 바 있다. 이는 바로 "귀로 듣고 마음에 담아두었다
가 손으로 시험해 본 것"들이다.

조선 치종의의 후예로 임언국의 치종비방과 같은(귀로 듣고
마음에 담아두었다가 손으로 실험해 본) 치종청의 지식들이 침구와
결합함으로써『침구경험방』의 독특한 의술 세계가 탄생한 것
이다.

허임은 이미 당대에 방혈放血(피를 뽑아냄) 기법으로 유명했
다. 아무도 치료하지 못하는 종기를 치료한 그의 명성은 이미
양반들에게 널리 알려져 있었다.『침구경험방』의 발문을 지은
이경석도 형님의 종기를 허임의 의술로 치료한 경험이 있었
다. 형 이경설의 넓적다리에 종기를 치료하러 아버지 이유간
의 명으로 허임을 모셔온 것이다.

아들 경설이 어제부터 왼쪽 다리가 아파 잠을 못 자므로

경석(이경석)이 허임을 만나 침을 놓아달라고 요청했다. 넓적다리에서 피고름이 흐르는데 서너 사발을 쏟아냈다. 지난해 10월부터 욱신욱신하면서 아프더니 이미 종기가 되었는데 서울에 들어간 뒤 여러 의사들이 와서 보았으나 아무도 알지 못했다. 허임만이 홀로 종기를 알고 치료하였으니 과연 명불허득(명예나 명성은 헛되이 얻을 수 있는 것이 아님)이었다.

(이유간李惟侃, 『우곡일기愚谷日記』, 무오戊午[1618] 4월 14일)

허임의 침술 역시 종기를 째고 피를 빼는 방법으로 널리 유명했다. 이는 그의 『침구경험방』을 살펴보면 더욱 분명해진다.

창종瘡腫: 옹癰, 저疽, 정疔, 절癤이 처음 생겼을 때 경락 부분을 잘 살펴 경락을 따라 침을 놓는데 날마다 놓아야 한다. 혹 거르면 효과가 없으니 (중략) 연이어 10일을 침 맞는 고통이 죽는 것과 견주면 어느 것이 가볍고 어느 쪽이 무겁겠는가?

(『침구경험방』 「창종瘡腫」)

침을 놓는 고통을 참는 것이 죽는 것보다는 나았기 때문에 허임은 침을 놓아 나쁜 기운을 빼내는 데 주력했다. 한편, 털의 경계에 난 종기, 입술에 난 종기, 얼굴에 난 종기를 치료하는 방법과 등창을 치료하는 방법 중 두꺼비 고기를 먹는 것과 큰 침으로 째서 고름을 빼내는 방법은 『치종비방』과 같다.

폐옹肺癰 : 즉시 날선 큰 침으로 아픈 가장자리를 찔러서 터뜨리는데 젖가슴 옆 겨드랑이 아래에서 갈비뼈 사이를 향해 찔러 고름이 나오도록 하고 바로 비벼 꼰 종이를 날마다 끼워 넣고 빼어 구멍이 막히지 않게 한다. (중략)

음종陰腫 혹 둔종臀腫 : 위험해지기 전에 칼날이 선 큰침으로 먼저 피부를 가르고 점점 깊이 꽂아서 곪은 곳에 이르러 침봉이 쉽게 들어가 허공에 빠진 듯하면 이미 곪은 데에 도달한 것이다. 이후 침봉을 들어 찢어 터뜨리고 침을 빼서 고름이 나오게 한다. 곪는 것이 멈추면 비벼 꼰 종이를 침구멍에 집어넣어 구멍이 막히지 않게 한다. (중략)

이와 같은 절개 방법으로 혈농血膿을 제거하는 방법은 바로 치종의의 전통을 이어받은 모습을 잘 보여준다. 허임은 더 나아가 침으로 방혈한 뒤 다양한 약물을 활용해 항구缸炙(작은 항아리 등을 이용해 뜨는 부항)하는 방법을 발달시켰다.

치종의 전통을 이어받아 조선 침구의학을 발달시킨 허임의 독자성은 조선 후기 의학에서 허임을 어떻게 이해하고 받아들였는지 살펴보면 더욱 분명해진다. 요컨대 허임의 치료법 가운데 방혈의 기술을 응용한 종기 치료술과 침을 놓은 뒤 항구하는 응용기술이 널리 활용된 것이다.

조선 후기 허임의 계승

　조선 후기 의서나 일용서에서 인용한『침구경험방』의 처방들을 보면 대개 침구 말고도 옹저癰疽, 적취積聚, 하마온蝦蟆瘟 등 '방혈' 기법을 활용한 부분들이 많다.

　18세기 후반 널리 활용하던『광제비급廣濟秘笈』은『허임경험방』이 중국의『신응경』을 베꼈다고 깎아 내렸지만 실제 인용한『침구경험방』의 내용은 침술보다는 방혈 기술을 응용한 허임의 독특한 방법이었다.

　전쟁이 끝나고 살기가 어려워 사람들의 몸이 많이 상했다. 열과 한증을 반복하며 두통과 얼굴이 붓고 턱밑이 무지개나 두꺼비처럼 되면 양경陽經, 합곡合谷, 척택尺澤, 소상小商, 중저中著, 외관外關, 간사間使, 천창天窓, 지창地窓, 영향迎香, 태양혈太陽穴에 침을 놓아 나쁜 피를 많이 빼낸다. 대두온의 치료법을 참작한다.

(『광제비급』 권1, 「칠규병七竅病-대두온大頭瘟」)

　간옹肝癰은 기문혈箕門穴이 은근히 아프면서 약간 불룩하다. 만일 터지지 않았다면 마도협옹馬刀挾癰이라 해 침으로 터뜨리고(許任方) 시호청간탕柴胡淸肝湯을 사용한다.

(『광제비급』 권1, 「옹저癰疽」)

먼저 하마온을 치료하는 방법에 대한 허임의 '다출악혈多出
惡血'의 기술을 소개하며, 이어 간옹을 치료하는 허임의 '침파
鍼破' 기술 등 방혈을 응용했다. 한편, 뜸을 이용한 치료법은
타박상과 적취(몸 안에 쌓인 기로 인해 덩어리가 생겨서 아픈 병)에 활
용했다.

　　타박상으로 가슴 속에 어혈이 있는 경우 거궐巨闕에 50
장壯, 삼리三里에 49장壯, 격유膈俞에 100장壯을 뜨고 또 천
응혈天應穴을 잡아 쑥 기운을 많이 쏘인다.
(『광제비급』 권1, 「제상諸傷 타박打撲」)

　　냉적冷積(배 속에 찬 기운이 뭉쳐 아픔을 느끼는 냉병)이면 관
원關元·기해氣海에 50~60장壯을 뜬다.(허임) 또한 중완中脘
에 500장壯과 삼리三里에 49장壯, 비근혈痞根穴에 100장壯
을 뜬다.　　　　　　(『광제비급』 권2, 「잡병雜病 적취積聚」)

1712년 5월 숙종肅宗은 팔에 통증을 느껴 침구를 시술하는
문제로 여러 대신들과 함께 논의한다. 당시 허임 의술의 독창
성에 대한 숙종과 당시 대신들의 의논은 매우 주목할 만하다.

　　(숙종이 말하기를) 항구缸灸는 본래 옛부터 전해진 것이 아
니다. 대개 동의東醫 허임許任의 『경험방』에서 나온 것인데
침을 놓은 뒤에 항구를 붙여 피를 뽑는 것이다. 그 효과가

매우 빠르다고 한다. 비록 침을 많이 맞지 않아도 피부를 조
금 열어 항구를 붙이면 좋다고 하는데 물론 신중하게 말한
다면 침을 약간만 놓는다 해도 피를 조금 뽑으므로 미안한
일이기는 하다. 이에 김연金演은 자기 역시 지난번 이러한
방법으로 침을 놓은 뒤 항구를 붙인 적이 있는데 기氣를 당
기는 효과가 매우 강력해 효과를 느꼈다고 아뢰었다.

(『승정원일기承政院日記』, 숙종38년[1712] 5월 17일)

이미 숙종은 침을 놓고 항구로 피를 내보내는 방법이 매우
효과가 빠른 수단임을 잘 알고 있었으며 그것이 허임의 독특
한 기법인 것도 알고 있었다. 이처럼 허임은 조선 후기에 침자
와 방혈의 방법으로 기억되고 있던 것이다. 당시 의원들 역시
삼릉침三稜針으로 절개한 뒤 방혈을 권했다. 이미 민중들 사이
에서 이러한 방법으로 효과가 크다고 진언한 것이다.

한편, 1725년 일본에서 『침구경험방』을 간행한 산센쥰안山
川淳菴은 일본판 서문에서 조선의 침구술이 매우 뛰어나며 그
방법들이 모두 허임의 기술이었음을 알게 되었다고 술회한 적
이 있다.

허임의 제자들

허임의 침구술은 여러 제자들을 통해 조선 후기 사회에 이
어졌다. 공주의 유명한 침의 최우량은 허임에게 의술을 전수

받았다. 인조대에 그는 부사용副司勇의 직책을 부여받고 잠시 내의원 침의로 근무했다. 그 뒤 효종대에도 외방에 있던 최우량에게 부사용의 직임을 주어 침의로 불러 기용했다는 기록이 있다.

이밖에 최유태崔有泰와 오정화吳鼎和는 허임의 의술을 전수받아 명성을 떨친 후배 의사들이다. 최유태는 청주가 본관으로 효종 신묘년에 의과에 합격했다. 그 역시 치종교수를 역임했는데 그 뒤 집안이 대대로 침의로 활약했다. 오정화 역시 허임에게 의술을 전수받아 주로 치종교수로 활약했다. 이렇게 허임 의학은 제자들을 통해 '치종'이 조선 후기로 이어졌다.

심지어 조선 후기에는 허임의 방법들이 너무나도 널리 퍼져 많은 이들이 따랐다. 허임의 유행은 도리어 폐단을 낳기도 했다. 18세기의 소아과 전문의서『급유방及幼方』에 실려 있는 일화이다.『급유방』의 저자 조정준은 숙종대에 최유태와 오정화가 모두 허임의 침법을 배워 당대에 이름을 날렸다고 소개한 장본인이다. 그런데 그는 허임의 침구법이 도리어 문제가 되고 있음을 은근히 비판하려고 한두 마디 더 기록했다.

무식한 의원들이 진정한 뜻도 모른 채 무조건 벽적癖積(음식을 잘못 먹어 뱃속에 덩어리 같은 것이 생기는 병)이라고 하며 침으로 찔러 피를 내고 뜸으로 지지다가 사람을 구하지 못한다는 지적이다.

자신이 들은 경험담이라며 기록한 내용은 대강 다음과 같다. '한 아이가 겨우 돌이 되었는데 젖을 너무 먹어 배와 옆구

리가 팽팽해 그득하고 신열이 그치질 않고 잠을 못 자는데도
여러 의원들은 여전히 성질이 찬 약재를 사용하고, 나아가 벽
癖이 되어 돌처럼 딱딱하게 되자 시골의 한 의원이 벽을 불로
지지고 한 의원이 침으로 이를 터뜨리고 또 한 의원은 중완中
腕(배꼽 위 네 치쯤 되는 곳으로 위가 있는 부위에 있는 혈)을 침으로 찔
렀으나 구하지 못했다'는 것이다.

> 조선의 속방에서는 고사리와 할미꽃을 벽 부위에 붙여
> 살이 썩어 문드러지게 하는데, 이 역시 벽을 없애는 것이라
> 고 한다. 살갗을 터뜨려 안에 맺힌 기를 내보내 풀어주는 것
> 이 이치에 어긋난 것은 아니며, 시골의원들이 철침으로 지
> 지는 것 역시 뜸 종류이기는 하다. 그러나 침으로 찔러 터뜨
> 리는 것은 너무나 결점이 많고 무리한 짓이다.
>
> (『급유방及幼方』 권7, 「벽적癖積」)

세속의 모든 의원들이 잘 알지도 못하면서 침으로 환부에
찔러 피를 내고 고름을 내다가 도리어 증상을 악화시키는 현
상을 지적한 것이다. 조정준이 소개한 이 일화는 조선 후기에
이르러 허임을 통해 이어지는 치종의 침자방혈針刺放血이 일
반에 얼마나 널리 퍼졌는지를 우회적으로 보여준다고 해야 할
것이다.

물론 허임의 의학이 치종 분야에 국한된 것은 아니었다. 침
구의로서 그의 위상은 널리 일본학계에도 알려졌다. 무구자無

허임의 묘.

求子 김중백金中白은 당대 조선의 명의였는데 그도 허임에게서 의학을 전수한 바 있다.

1748년 통신사 일행으로 일본에 간 의사 조숭수趙崇壽는 조선 침구의 특징을 묻는 일본 의원 가와무라 슌코河村春恒에게 침구보사鍼灸補瀉(침과 뜸으로 기운을 보충하거나 독소를 빼내는 것)를 설명하면서, 침을 잘 놓는 자는 보사의 방법에 능통하지만 용렬한 의사가 할 수 있는 일은 아니라고 답했다. 침 놓는 방법이 매우 큰 것이라 옛 사람들도 쉽지 않았다고 전제하고 조선에는 허임이 가장 침을 잘 놓았으며 김중백이 이를 이어 받았다고 전했다(『상한의문답桑韓醫問答』).

이처럼 허임의 의술은 한편으로는 방서方書(약방문을 적은 책)를 통해, 다른 한편으로는 후학들을 통해 조선 후기로 이어졌다. 중국과 다른 조선 침구의학의 독특한 양상이 만들어진 것은 물론이다.

허준의 스승 유의태? 새로 쓰는 유이태

소설과 드라마 속의 유이태

유이태劉以泰는 허준 만큼이나 세인의 입에 오르내린 이름이다. 조선 시대 유명한 정치가나 사상가도 아닌 한낱 의원의 지위로 허준에 버금가는 유명세를 타니 이 모두 『소설 동의보감』이라는 훌륭한 소설 덕분이고 또 이를 대본으로 만든 사극의 인기몰이 결과이다.

역사학이란 먼저 과거의 사실을 충실히 재현한다. 따라서 아무리 감동을 주는 좋은 내용이라 해도 역사가 되려면 '사실'에 대한 부담을 피할 수 없다. 그래서 역사학이 엄정한 객관성을 유지하는 과학이요, 학문이 되는 것이다. 유이태의 경우도 마찬가지다. 역사학자로서 소설의 내용을 왈가왈부하는 것이 어찌 보면 우스울 수 있으나, 소설의 영향으로 역사에 대한 오해가 워낙 크기 때문에 이 문제를 그냥 지나칠 수 없다.

어느 한의학자의 수십 년 전 글이 허준의 스승으로 유의태를 언급한 처음이자 마지막인 논문이다. 그는 산청을 답사한 결과 명의 유이태, 유희태, 류의태에 관한 전설이 널리 퍼졌음을 알았고 이 정도의 명의名醫라면 허준의 스승이 될 만하다고 여겼다. 그러나 이 주장은 충분히 논증하거나 고증한 것이 아니어서 뒷날 역사에 대한 오해를 불러일으키고 말았다. 그의 추측은 허준의 고향과 성장지를 산청으로 정한 가설에서 출발한다. 허준의 고향을 산청으로 상정한 이유는 허준의 할아버지 허곤許琨이 진주 일대에서 지체가 높은 진주 유씨柳氏 가문의 부인을 얻은 사실과 경상도 우수사로 오랫동안 재직한 사실에 주목한 결과다. 허준이 친할아버지와 할머니를 좇아 산청에서 성장했으리라고 구상한 것이다.

여기에 산청 일대에 전해지는 야담 속의 유의태를 진주 유씨 가문의 한 사람으로 보고 허준의 스승이 될 만한 사람으로 덧붙인 것이다. 허준이 산청에서 어린 시절을 보낸 것으로 추측하자 산청에서 유명한 의사에게서 의학 수업을 받았을 것이라 상상하게 되었고, 예전부터 산청 일대에서 유명한 유이태나 유의태라는 의사의 전설을 끌어올 수밖에 없던 것이다. 이것은 허준이 산청과 밀접한 관계가 있음을 설명하기 위한 추측일 뿐이다. 심지어 유의태가 허준이 죽은 뒤인 숙종 대의 인물이라면 문제는 더욱 심각해진다.

어쨌든 이러한 설명은 뒷날 소설 동의보감의 작자 이은성에게 전해져 소설의 뼈대가 되어 결국 모든 사람들이 유의태를 허준의 스승으로 믿게 되었다.

과연 유이태는 누구인가? 일단 전설상의 유이태를 만나보자. 일찍이 한국정신문화연구원에서는 전국의 야담류를 채록하는 방대한 작업을 수년에 걸쳐 진행했다. 그 결과 경남 지방의 명의 유의태의 전설 여러 편을 수록할 수 있었다.

유의태 이야기는 채록자에 따라 유희태, 유이태 등으로 전하고 있다. 경상도의 발음이 유의태와 유이태, 유희태를 혼동할 가능성이 높기 때문이다. 전설 속의 유이태는 의술이 뛰어나 중국의 황제를 고쳤다고도 하고 조선 왕조의 공주를 치료했다고도 한다. 뒤에서 다시 말하겠지만 이 모든 이야기는 유이태가 숙종대 의약동참醫藥同參(내의원 의사가 아니지만 의술이 뛰어나 특별히 임금의 진료에 참여한 이들)으로 임금의 진찰에 참여한 사실이 전설로 꾸며지는 과정에서 살이 붙은 결과다.

또한 전설 속의 유이태는 산부인 치료에 뛰어난 효과를 본 ‘유이태 탕’ 혹은 침으로 유명하다. 유이태 탕은 거꾸로 출산하는 위험한 태아를 바로 낳을 수 있도록 하는 데 효험이 큰 약물이었고, 유이태의 침 역시 아이가 거꾸로 나오려 할 때 발바닥에 놓으면 역산逆産을 방지했다는 것이다. 마지막으로 유이태의 홍역 치료에 관한 전설이다. 그가 두진痘疹, 즉 천연두와 홍역을 치료하는 데 매우 기이한 능력을 보여주었다는 내용인데 역시 유이태의 홍역 치료책인 『마진편麻疹篇』에 대한 후인들이 만든 신화다.

역사 자료가 없는 경우 견문과 탐방에 의한 보조 자료에서 출발하는 것도 연구의 한 방법일 수 있다. 물론 탐방과 전문傳聞으로 얻은 결과물을 너무 믿어서는 안 되지만 말이다. 문서로 된 사료를 비판하듯이 입으로 전하는 이야기도 신중하게 검토하고 진위 여부를 고찰해야 한다. 구전은 사실을 그대로 반영하는 것도 거짓과 그릇된 정보로만 가득한 것도 아니기에, 역사가는 이러한 정보에서 가능한 한 사실에 가까운 자료를 가릴 수 있어야 한다.

유이태는 누구인가?

전설이 아닌 역사 속의 유이태는 과연 어떤 인물이었을까? 실제 그에 관한 역사 자료가 없다시피 한 현재 사정으로 유이태의 실체를 정확하게 밝히는 일은 매우 어렵다. 그러나 『거창유씨세계世系』에 전하고 있는 유이태의 행장과 추모 제문, 『승정원일기』 등을 통해 그의 면모를 조금이나마 살필 수 있다.

행장과 사적에 따르면 유이태는 1651년에 태어나 1715년에 죽은 것으로 보인다. 그는 양반의 후손으로 경상도 거창에서 태어나 문장과 의학을 겸비한 유의儒醫로 활동했다. 그의 먼 선조는 의병장을 지낸 경력이 있으며 외가로도 병조판서와 경상좌수사를 지낸 인물들이 있다. 이로 인해 경상남도 산청과 의녕과 거창 등지에서 향반鄕班의 지위를 누린 것으로 보인다. 한편 유이태를 추모하는 제문을 보면 '문장文章하는 나머지 시간에 부업父業을 계승했다'든지 '가업을 전했다'는 기록이 나온다. 대대로 의업을 이어간 집안임을 드러낸 표현으로 적어도 아버지 대부터는 의술에 종사한 것으로 여겨진다.

유이태는 어려서부터 효성이 지극했다. 항상 웃는 얼굴로 부모를 대하고 겨울엔 따뜻하게 하고 여름에는 시원하게 하며 저녁엔 잠자리를 정해드리고 새벽에는 문안을 드리는 등 극진히 봉양했다. 일찍이 10여 세에 어머니가 돌아가시자 밤낮으로 애통해하고 삼년 동안 나물과 과실도 먹지 않고 여막廬幕을 떠나지 않았다. 나이 든 선비나 학식 있는 자들이라도 이보다 더하지는 못할 정도였다.

특히 1683년 그의 조부가 역병에 걸리자 아버지께서 탕약을 시중했다. 아버지는 아들인 유이태가 역병에 전염될까 걱정해 오지 못하도록 말렸는데, 결국 조부가 불행히 세상을 떠나자 정성껏 상을 모셨다. 겨우 초종初終이 지났을 때 아버지가 이어서 병에 걸리자 유이태는 아버지 곁에서 더욱 정성스럽게 탕약을 시중하고 천지신명께 기도해 아버지의 병을 완치했다. 유이태는 그만큼 효자로 이름을 날리고 있었다.

그뿐이 아니었다. 1697년 그의 나이 47세 되던 해에는 도둑이 집안에 들어와 아버지가 칼에 찔렸다. 당시 다른 지역에 있던 유이태는 그 소식을 듣고 밤낮으로 눈물을 흘리며 불효자를 자처했다. 그 뒤 병세가 심해진 아버지의 상처에서 고름

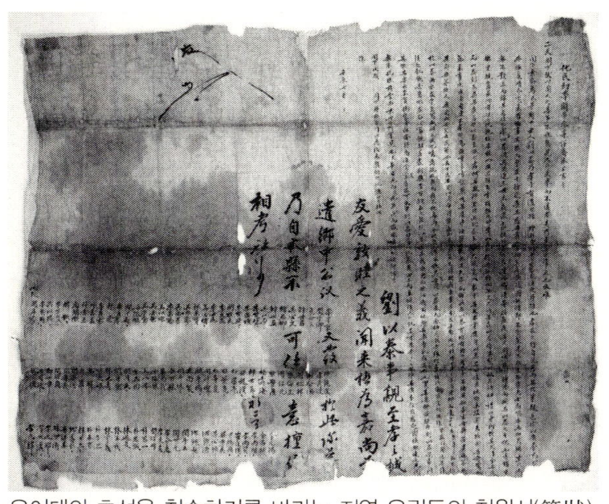

유이태의 효성을 칭송하기를 바라는 지역 유림들의 청원서(等狀).

을 빨아내고 여러 가지 약을 써서 병을 고쳤다.

유이태는 계모를 친어머니처럼 섬기고 배다른 동생과도 우애 있게 지내는 등 오륜五倫에 조금도 벗어나지 않는 인물이었다. 이러한 그의 인품은 가족에 머물지 않고 친인척까지 확대되었다. 참혹한 기근이 닥치면 친인척들이 굶주릴까 걱정해 부유한 친구들에게 급히 곡식을 얻어 이들을 구활하고 땅을 팔아 그 값을 치렀다.

산청 일대에서 주로 활동하던 그는 1710년 부름을 받고 서울로 올라갔다. 숙종이 머리가 아프고 열이 가시지 않으면서 머리 오른쪽의 종기가 부어올라 날마다 고통스러워하는데도 내의원 의원들의 처방이 신통치 않았다. 여러 가지 약물을 썼으나 별 소용이 없자 전국의 유명한 의사들을 불러 모아 진찰을 의뢰한 것이다. 이때 경상도 산음山陰(지금의 산청)에 살고 있던 유이태는 아산현감牙山縣監 신우정慎禹定, 안동 사는 선

55

비 박태초朴泰初 등과 함께 의술이 정밀하다는 이유로 서울로 불려가게 되었다. 얼마 뒤 숙종의 병세에 차도가 있자 유이태는 이때를 계기로 숙종의 진찰에 여러 차례 의약동참으로 참여했다.

그로부터 3년이 지난 1713년 12월에도 숙종의 병환으로 유이태는 도성으로 올라가게 되었다. 그런데 어찌된 영문인지 전주까지 갔던 유이태는 병을 핑계로 다시 집으로 돌아가 버렸다. 화가 난 숙종과 중앙 신료들은 그를 감옥에 가두고 벌을 줄 생각이었다. 그러나 숙종의 병환이 더 중요했으므로 곧바로 유이태를 풀어 주어 의약동참에 참여하게 하고 임시로 군직軍職을 주어 부사용副司勇에 제수했다.

이듬해인 1714년 4월에도 유이태는 숙종의 질병을 치료하는 데 동참했으며 그 뒤 서울에 머물면서 6월까지 숙종의 발과 귀 등에 난 종기를 치료했다. 어느 정도 숙종의 병이 나아지자 당시 의약도제조 이이명은 지방에서 올라온 유의儒醫들이 몇 개월 동안 고생했으므로 고향으로 내려 보낼 것을 요청했다. 이때 유이태 역시 고향인 경상도 산청 지역으로 돌아올 수 있었다.

이이명은 유이태를 다음과 같이 평가했다. "유이태가 호남과 영남 사이에서 유명한 의사이므로 의약동참에 참여시켰다. 그의 의술이 아주 뛰어난 것은 아니지만 함부로 약을 쓰지 않으며 사람됨이 양순하고 인정이 두터워 부릴 만하다. 다만 지금 나이가 많고 담열痰火(담으로 가슴이 답답해지면서 열이 나는 증세)

로 고생하는지라 특별히 그를 귀향시켰다."

유이태는 공로를 인정받아 다른 의원들과 함께 새끼 말 한 마리를 하사받았다. 고향에 돌아온 유이태는 1715년에 생을 마감한 것으로 보인다.

유이태의 의서

유이태는 가업을 이어 의학을 공부했고 또한 경상도 지역에서 산부인과와 역병 치료에 재능이 뛰어나 눈에 띄는 향의鄕醫였다. 특히 그가 지은 『마진편』이라는 홍역 전문 치료서는 다산 정약용의 『마과회통』보다 앞선 것으로 조선의학사상 최초의 전문 홍역 치료책이라 부를 만하다. 그런데 한독 약품 박물관과 진주 경상대학 도서관, 그리고 정신문화연구원 소장의 『마진편』이나 『유이태마진편』을 살펴보면 약간의 의문이 생긴다.

『마진편』의 저자가 '유이태劉爾泰'로 기록되어 있어 그동안 알고 있던 '유이태劉以泰'와 가운데 '이'자가 다르기 때문이다. 잘못 적었을 가능성을 의심해볼 수도 있지만 『마진편』의 저술 연대가 병오년임을 고려해 보면 두 사람은 전혀 다른 사람이어야 한다. 서문에서 유이태는 이 책을 '병오년'에 썼다고 기술했고, 숙종 전후의 병오년은 1726년(영조3)밖에 없는데, 유이태는 1715년에 죽었기 때문이다. 죽은 뒤에 책을 썼을 리는 없다. 그렇다면 현재 전해진 『마진편』의 저자 유이태는 지금까지 살펴본 유이태와 또 다른 인물이란 말인가? 그러나 조금 더 살펴보면 『마진편』의 저자가 우리가 알고 있던 산청의 명의 유이태가 분명해진다.

『마진편』의 서문에는 '원학산인猿鶴山人'이라는 유이태의 자호가 있다. 이는 곧 원학동에 은거한 사람이라는 뜻인데, 원학은 거창의 원학동猿鶴洞에서 본 딴 것이다. 거창의 금원산金猿山과 기백산의 백白자를 상징한 학鶴자를 따서 지은 마을에서 태어나고 그 곳에 살던 유이태였기에 그렇게 한 것이다.

이렇게 되면 『마진편』의 '병오년(1726년)'이 오기일 수도 있다는 생각이 든다. 그리고 『마진편』을 유이태 당대에 간행한 것이 아니라 수백 년이 지난 20세기에 간행했다는 사실은 병오년의 오기 가능성을 더욱 높여준다. 1931년 이 책을 간행한 박주헌은 손님 가운데 한 사람이 『마진편』을 건네주기에 이를 손수 실험해 보니 너무나 효능이 뛰어나 인쇄해 널리 보급한다고 말하고 있다. 이로 보아 『마진편』의 병오년은 아마 유이태가 살아 있었던 '병술년(1706년)'의 오기가 아닐까 추측해 본다.

유이태의 『마진편』은 서문에 이어 「마진통론麻疹通論」 「치진대략治疹大略」 「마진예방麻疹豫防」 「제증諸症」 「마진방문麻疹方文」으로 구성되었고, 홍역에 대한 개론부터 예방법과 여러 가지 증세를 다양한 방식으로 분류해 놓았다. 그리고 마지막에 홍역의 치료법을 다양하게 소개하고 있다. 특히 처방전을 사전처럼 구성한 것은 대개 18세기 후반부터 나타나던 의서들의 편집 방식으로 참고하기 쉽도록 한 의도였다.

유이태는 시골의 가난한 사람들이 갑자기 약을 구하지 못하는 점을 고려해 가능하면 단방單方(여러 가지 약을 섞지 않고 단 한 가지 약만으로 처방한 방문方文) 위주의 처방을 활용했다. 특히 마진(홍역)의 원인이 태독胎毒(태아가 자궁 안에서 자라면서 흡입하게 된 나쁜 독소)에 있지 않고 보통 열독熱毒(더위로 생기는 발진)에 있음을 주목하고, 당시 감기 치료에 널리 쓰던 승마갈근탕升摩葛根湯처럼 싸고 쓸 만한 약물을 주로 처방했다.

유이태는 물만으로 병을 치료한 적도 있다. 1692년 겨울 산청의 한 절에서 중들이 마진을 앓았다. 유이태는 이들에게 자꾸 샘물을 먹게 했다. 이 처방이 효험이 있어 중들은 곧 병을 털고 일어났다. 마진이 양陽에 속해 열이 많으므로 물로 그 열을 식힌 것이다.

이밖에 유이태는 열독의 증세와 회충의 연관성에 주목했다. 훗날 다산 정약용도 이를 흥미롭게 관찰한 바 있다. 날 것을 많이 먹는 조선 사람들이 회충 등 기생충으로 고생하던 당시의 풍속이 잘 드러나고 있는데, 회충의 열독과 마진의 열독을 구별해 치료하는 조선만의 특수한 상황을 고려한 처방이다.

유이태는 『마진편』 외에 『실험단방實驗單方』이나 『인서문견방麟西聞見方』이라고 부르는 경험방을 쓰기도 했다. 현재 『실험단방』은 개인이 소장하고 있으며 언제 쓴 것인지 확실치 않지만, 산청을 뜻하는 인서麟西(조선 시대 산청 지역의 지명)라는 자호와 함께 저자 유이태의 서문이 실려 있어 그의 저작임이

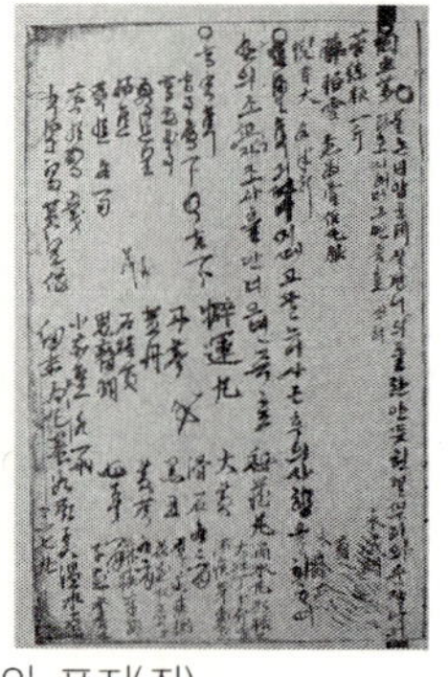

『인서문견록』의 표지(좌)
『인서문견록』의 유이태 친필(우).

분명하다.

유이태는 서문에서 '자신이 한평생 사람을 살펴보니 병이 없는 사람이 없는데, 병자가 조섭調攝(몸을 잘 관리하는 일)하고 치료하는 방법을 알면 반드시 걱정할 것만은 아니라면서 평소에 잡병에 대해서 경험한 것과 얻어들은 단방들을 수시로 기록해 책으로 만들었다. 정리한 의서는 아니지만 평소 생활에 도움이 될 것'이라고 책을 쓴 목적을 밝혀 놓았다.

모두 164개의 항목으로 머리부터 귀, 눈, 코, 입 등의 순서로 해당 부위의 질병과 치료법을 수록했다. 특히 경험방 가운데 향촌에서 사용했을 단방들을 수집하고 정리했다는 점에서 그 가치가 높다. 경상도 일대에서 활용한 다양한 처방과 향토 약물에 대한 자료가 되기 때문이다. 이를테면 '젊은이가 머리가 모두 벗겨진 데에는 생강을 쪼개서 이삼일 동안 계속 문지르면 머리털이 난다. 많이 경험한 내용이다(『실험단방』 대두온大頭瘟·소두온小頭瘟)' 같은 부분이 그렇다.

이 책과 내용이 같지만 제목이 다른 책 한 권이 있다. 바로 일제시대 수원의 병원장을 지내며 조선의학사를 깊이 있게 연구한 미키 사카에三木榮가 수집한 『인서문견방』이 그것이다. 미키의 소장본은 현재 일본 오사카의 다케다武田과학진흥재단

유이태의 묘.

의 행우서옥杏雨書屋에 소장되어 있다. 이 책은 그동안 서문이 빠져 누구의 책인지 알 수 없었다. 그래서 미키 역시 자신의 저서 『조선의서지朝鮮醫書誌』에 이 책을 소개하면서 누가 지은 책인지 언제 간행했는지 정확히 알 수 없다고 말하고 경험 방을 수집해둔 의서라고만 간단하게 적었을 뿐이다. 책을 살펴 봤는데 같은 내용이었다. 현재 한국에 남아 있는 『실험단방』 은 뒷부분이 없고 일본에 전하는 『인서문견방』은 앞쪽이 부 실하니 이 둘을 합치면 완전하게 될 것으로 보인다.

요컨대 산청의 명의 유이태는 허준의 스승이기 보다 『마진 편』이라는 홍역 전문 치료책의 저자로, 『인서문견방』(혹은 『실 험단방』)이라는 경험방 의서를 간행한 조선 숙종대의 명의로 기억하고 연구해야 할 것이다.

정약용, 홍역의 정체를 밝히다

종두

100여 년 전만 해도 얼굴에 곰보 자국이 있는 조선인이 흔했다. 1896년, 조선의 고문관으로 재직하던 윌리엄 샌즈는 조선에서는 두창(천연두)이 너무 흔한 병이라고 회고했다. 그리고 1902~1903년 외교 사무로 한국에 근무하던 이태리인 까를로는 조선인을 위협하는 최대의 질병으로 두창과 소화불량을 꼽았다.

이보다 앞서 비숍 여사도 조선에서 가장 위험한 질병으로 두창을 꼽았다. 이처럼 19세기 말과 20세기 초의 외국인들에게 한국인은 '두창'으로 인한 고통을 호소하는 모습으로 인상에 남았다.

조선 시대 대표 역병疫病인 두창(이에 포함되었던 마진[홍역])과 벌인 전쟁은 조선 정부가 수행해야 할 급박한 임무 가운데 하나였다. 단지 환자를 격리하는 방법으로는 해결할 수 없었다.

다산 정약용의 초상화.

잘 알고 있듯이 두진痘疹과 같은 역병을 완전히 치료하기 위해서는 종두와 같은 '예방접종'을 해야 한다.

종두種痘는 글자 그대로 두창을 몸에 심는다는 말이다. 일부러 전염되도록 한다는 뜻이니 적어도 두창을 피하거나 꺼려야 하는 대상으로 바라본 정약용 이전의 모든 조선인들에게 '종두'란 상상할 수 없는 치료법이었다. 기존의 형식을 깨뜨린 것을 넘어 '미친 짓'으로 여겨졌다. 왜 일부러 죽음을 재촉하는가? 종두를 하던 19세기에도 지식인들조차 종두의 효험에 대해 하늘의 도리를 사람의 힘으로 막아보려는 시도라고 비아냥거릴 정도였다.

정약용은 종두를 조선 땅에 도입한 최초의 인물 가운데 한 사람이다. 그는 당시의 상식에 도전하고 새로운 체계(종두)를 모색했다. 전통체계와 이에 근거한 치료법을 거부하고 새로운 방법론을 끌어들인 것이다.

마과회통

어떤 이유로 정약용丁若鏞이 두진 전문 의서를 쓰게 되었을까? 『마과회통』 서문에서 그는 어렸을 때 두진으로 죽을 뻔한 것을 이몽수라는 의사의 도움으로 살아났으므로 그 은혜를 갚고자 한다고 책을 쓴 동기를 밝히고 있다. 그러나 두진을 연구하게 된 사정은 더 있다. 바로 자식들의 죽음이다. 정약용은 여러 명의 아이를 두진으로 잃고 슬픔의 글을 남긴 바 있다.

이런 동기 말고도 당시 정약용이 살던 18세기 후반에 창궐한 역병을 고려해야 한다. 정약용 자신이 이미 사대부로서 정치 일선에 나가 인민을 살리는 길이나 의업으로 백성을 살리는 길이 하나임을 강조한 적이 있기에 그의 종두 연구는 바로 백성을 사랑하는 마음이 드러난 것이라 할 수 있다.

『마과회통』의 저술은 정약용이 황해도 곡산부사로 재임하면서(1797년) 본격으로 진행되었다. 이전부터 마진에 관한 자료를 수집했지만 책을 완성하지 못하다가 중앙에서 벗어나 지방에서 근무하는 동안 백성을 살리는 방도로 의서 저술에 몰두한 것이다.

36세인 1797년 곡산으로 부임한 정약용은 황해감사 이의준李義駿에게 보내는 편지에 거의 완성한 초고본을 규장각에서 생생자生生字(『강희자전』의 글자 모양을 본떠 만든 나무 활자)로 간행하려고 교정하고 있다고 전했다. 이듬해인 1798년 『마과회통』의 서문을 지은 것으로 보아 1797년부터 교정을 시작해 이듬해인 1798년 완성한 것으로 보인다.

정약용은 우선 이몽수의 『마진서』를 기본으로 해서 중국의 의서 수십 종을 얻어 자세히 풀어보고 조목조목 살펴보았다. 그러나 책들의 내용이 모두 어수선해서 이해하기 어려웠으며 또한 마진이 몹시 모질고 매서워 천천히 치료할 수 있는 질병이 아니어서 각 내용마다 분류하고 같은 것끼리 모아서 조목별로 보기 쉽게 해야 했다. 이렇게 해서 원증편原證篇, 인증편因證篇, 변사편辨似篇, 자이편資異篇, 아속편我俗篇, 오견편吾見篇, 합제편合劑篇, 본초편本草篇 8편으로 구성한 『마과회통』을 간행했다. 제목의 '회통'처럼 마과麻科 계통의 질병을 모두 포함하면서 '마진'의 정체를 제대로 이해하려는 시도였다.

정약용이 참고한 의서들은 모두 63종으로, 국내 의학자들의 것도 5종 포함되어 있으나 대부분 중국 명·청대의 것들이었다. 특히 『마과휘편麻科彙編』 『두과석의痘科釋意』 『의종금감醫宗金鑑』 『두진백문痘疹百問』 『숭애존생서崇崖尊生書』 『사진방沙疹方』 등 청대의서들이었다. 조선 의서 가운데 제일 높게 평가한 이몽수의 『을미신전乙未新詮』 역시 청의 의술을 깊이 받아들인 책이다.

정약용은 의서들을 철저하게 고증했다. 옛 의사[古醫]라고 해서 모두 믿을 수는 없으니 일단 비판하고 의심해봐야 한다고 했다. 독창성 여부를 중시한 엄격한 평가 과정을 거치다보니 남은 의사가 몇 되지 않았다. 만전, 적량, 마지기 정도가 정약용의 좋은 평가를 받았다.

만전萬全의 경우 "두진痘疹에 대해서는 이미 집안 대대로 업으로 삼았고 또한 전문이므로 그의 치료기술이 상당히 정교 하였으나 사람됨이 과장되고 음험해 의안(처방집)의 학설을 보 면 항상 남을 억누르고 자신을 세우며 능력을 자랑하여 (중략) 그의 글도 믿을 만하지 못하다. 다만 책이 아주 잘 갖추어져 있어 중국 두진의 으뜸이 되었으므로 아주 무시할 수 없다"고 하였다.

마지기馬之騏는 두진의 형상을 시기별로 나누어 자세히 묘 사했다고 칭찬했다. 두진의 증상이 끝없이 변하기 때문에 많 은 의사들이 다른 질환들과 구별하지 못하고 혼동하는 것이 당시 가장 큰 문제였기 때문이다.

"마지기는 두진 전문가인데 특히 형색形色을 논한 것이 상 세하다. 또한 증세를 말할 때는 반드시 이미 솟은 때와 솟지 못할 때, 걷히는 때의 전후를 구별해서 처방을 말했으므로 치 료할 때 편리한 점이 있다. (중략) 그의 성품이 너무 너그러워 세심 하지 않아 처방을 정할 때 순전 히 한량寒凉의 약으로 하였으니 모두 적량을 따른 것이다. 적량 역시 두창에 관한 그의 이론은 정확하고 자세해 견줄 만한 의서 가 없을 정도다. 그러나 진疹(마 마)에 대해서는 별로 힘쓴 것이

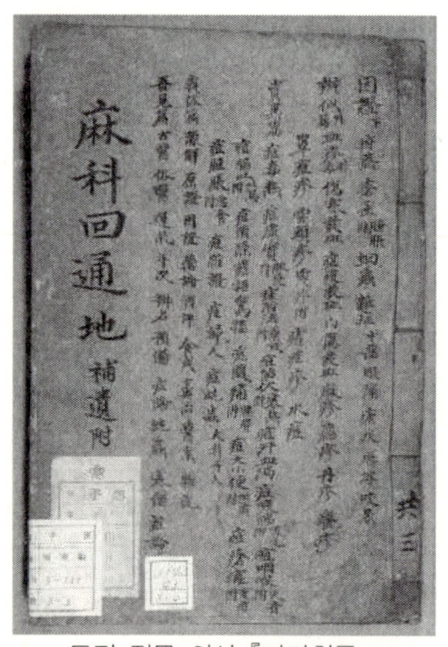

두진 전문 의서 『마과회통』.

없으므로 나는 이것이 아쉽다."

어쨌든 만전, 적량에서 마지기로 이어진 두진 의서의 전통을 정약용이 좋게 평가했고, 이는 조선에서는 그 흐름이 이몽수에서 정약용으로 이어지고 있음을 암시하는 내용이다.

정약용은 독창성 없이 남의 저술만을 그대로 옮겨 편집만 한 경우를 가장 낮게 평가했다. 이는 조선 최고의 명의인 허준을 혹독하게 평가하는 데서 잘 드러난다.

두진 치료

정약용은 두진 치료에 앞서 조선의 두진사痘疹史를 개괄했다. 「역대사실」이 그것이다. 역대 사실을 정리한 결과, 12년 내지 20여 년을 터울로 마진이 창궐한 것으로 드러났다. 이러한 사실 때문에 당시 의원들은 마진의 원인을 운기運氣, 즉 한 해의 운세에서 찾고자 했다. 화火의 해가 들어간 해에 열꽃이 피어나는 역병이 창궐한다는 식의 운기론運氣論이 성행한 것이다. 정약용은 도리어 이 점이 마진 치료에 어려움을 불러일으킨다고 보았다.

18세기 후반에 이르러 조선에서는 두창보다 마진이 특히 운기의 영향을 많이 받는 것으로 여겨졌다. 1786년 10월, 마진이 창궐하자 정조 역시 운기에 밝은 의사를 찾았을 만큼, 마진을 포함한 두진의 원인으로 태독설胎毒說(자궁에서 자라는 태아가 불결한 것들을 흡입하여 악병이 생긴다는 설)과 함께 운기론(사람의 생리와 병리가 모두 오운육기에 의한 것임을 주장하는 이론)이 성행하게 되었다.

정약용은 태독설을 비판한 것만큼 운기설에 대해서도 그 실체가 명확치 않음을 비판했다. 운기뿐 아니라 맥박으로 진단하는 '맥진脈診' 등 과학과 거리가 먼 한의학 이론에 대해서 비판적이었던 그였다. 당대 최고의 마진 의사라고 칭송하던 이헌길조차 '운기 운운'하자 비판의 강도를 늦추지 않았다. 몽수가 운기학설을 믿지도 않으면서 그 학설로 자신을 합리화한다는 것이다.

운기보다 더 심각한 문제는 수십 년에 한번씩 나타나는 질병을 연구해서는 돈벌이가 안 되자 의원들이 마진 치료에 무관심하다는 사실이었다. 역병 환자들을 피하고, 환자들이 달라는 약을 주고는 책임을 지지 않았던 것이다.

이밖에 귀신의 원한으로 집안에 역질疫疾(천연두)이 든다는 관습 때문에 정확한 처방에 따라 치료할 생각은 하지 않고 귀신을 떠나보내는 별송굿을 치르는 문제도 심각했다. 특히 두진을 일으키는 마마귀신은 매우 변덕스러워 마음을 거슬리게 했다가 봉변을 당할까 보아 의원들이 더욱 꺼렸다. 뿐만 아니라 풍속에 두진에 잘 듣는 약재로 개똥이나 날 가재를 먹었는데 이 때문에 기생충에 감염되는 일이 많았다.

운기론이나 풍속의 오류를 비판하던 정약용은 두진의 원인을 합리적으로 설명하려고 노력했다. 그는 두진을 태독이나 운기 등 어느 한 가지 원인 때문에 일어나는 것으로 보지 않았지만, 여전히 중요한 원인은 태독이 나타난 것으로 보았다.

두진의 증세를 보면 독이 속에서 피부를 뚫고 나와 알갱이가 부어올라 고름이 생겼다가 마침내 딱지가 되어 떨어지니, 이 조각이 곧 독의 실체라는 것이다. 정약용이 '두진의 떨어진 조각을 독의 실체가 피부를 뚫고 밖으로 나온 것으로 파악했다는 점은 주목할 만하다.

『마과회통』의 수많은 처방은 어떻게 이 독소를 몸 밖으로 잘 끌어낼 것인지, 그리고 가능하면 순하게 끌어낼 것인지에 대해 논의하는 것들이었다. 이는 전통 의학과 처방의 차이는 있을지언정 두진의 원인을 제거하는 방법론에 근본의 차이가 있는 것은 아니었다. 독을 피부 밖으로 '내보내는' 방법이 치료의 근본이기 때문이다.

그러나 몇 년 뒤 정약용은 「종두요지」에서 전혀 다른 두진 치료법을 제시했다. 이른바 몸속의 깊은 태독을 순조롭게 피부 밖으로 끌어내기 위해 거꾸로 독을 몸 안에 '들여보내는' 방법으로 치료의 체계를 바꾼 것이다.

종두요지

정약용은 조선에 가장 먼저 인두법人痘法을 소개한 사람 가운데 한 명이다. 어떤 계기로 그가 종두술을 도입하게 되었는지는 확실하지 않다. 다만 단서가 드러나는 곳이 있는데 서로 같은 내용을 기술하고 있는 「종두설種痘說」과 『마과회통』의

「기시記始」라는 글이다. 여기에는 정약용이 이미 일찍부터 종두 기술을 알고 궁금해 하고 있었음이 드러난다. 먼저 「종두설」을 몇 단계로 구분해 보면 이렇다.

① 『강희자전康熙字典』에 기록되어 있기를 "신통한 종두법에는 모든 두즙痘汁(천연두 즙)을 코로 받아들여 숨쉬면 나가게 된다"라고 되어 있어서 나(정약용)는 오래전부터 의문스럽게 생각해 종두에 대한 묘법이 있지만 우리나라에는 전해지지 않았음을 알고서 안타깝게 여기고 있었다.

② 1799년 가을, 복암伏庵 이기양李基讓이 의주에서 돌아왔는데 그의 큰아들 이총억이 말하기를 의주 사람이 연경에 들어갔다가 종두법을 얻어가지고 왔는데 그 책은 몇 장뿐이라고 해서 곧바로 구해다 보았다. (중략) 1800년 봄에 박제가가 (집에 들러) 이 책을 보고는 우리 집에도 이러한 종두법이 있소. 규장각 장서 가운데서 베껴다 놓은 것인데 책은 너무 간략해 시험해 볼 길이 없었소. 이제 이 책과 합해서 본다면 아마 그 요령을 알아낼 수 있을 것 같다고 했다.

③ 나는 두 책을 정리해 주석을 달고 술가術家(음양陰陽, 복서卜筮, 점술占術가들)들의 바르지 못한 설說은 깎아내 한 책으로 완성했다.

④ 박제가가 영평현에 부임해 이 일을 관리들에게 말하자 이방吏房이 두종을 구해 먼저 자기 아이에게 접종하고 다음 두 번째 관노의 아이에게 접종하고 세 번째로 박제가의 조카에게 접종하니 종핵도 점점 커지고 종두도 더욱 홀

류했다. 의사 이씨李氏를 불러 처방을 주어 두종을 가지고 경성京城 이북 지방으로 들어가게 했더니 선비 집안에서 많이들 접종했다고 한다.

⑤ (중략) 1800년 6월 정조가 멀리 세상을 떠나고 다음해 내가 장기長鬐로 유배를 떠나고 의사 이씨李氏(이종인)도 모함하는 자들의 고문으로 거의 죽게 되자 종두는 끊어지고 말았다. (중략) 내가 편찬한 『종두방種痘方』도 이 난리통에 잃어버리고 말았다.

다음은 『마과회통』의 「기시記始」이다.

⑥ 이기양이 의주부윤이 되었을 때 『정씨종두방鄭氏種痘方』(정망이 저)을 얻어 돌아와 나에게 보여주었다. 박제가를 만나 이 사실을 말하자 그 또한 『의종금감醫宗金鑑』의 「종두요지種痘要旨」를 얻어 포천의 생원 이종인李種仁에게 주고 시묘時苗를 네다섯 번 시험해 드디어 성공했다고 한다. 이종인이 종두를 연습해 서울에 들어와 아이들을 많이 치료하니 비로소 조선에서도 종두를 하기 시작했다.

정약용은 일찍이 『강희자전』 등을 통해 종두법을 알고 있었다(①). 비록 정확하게 종두에 대한 관심을 언제부터 가졌는지 알 수는 없지만 적어도 종두에 더욱 관심을 기울인 것은 『마과회통』을 쓴 1798년 이후가 분명하다. 특히 이듬해인 1799년 중국에서 종두법 책을 입수한 시점에 유의할 필요가 있다.

황해도 곡산에서 마진을 연구하는 동안 자연스럽게 두창에 대한 이해도 깊어졌을 것이며, 이러한 정약용의 관심은 주변 동료들과 학인學人들 사이에서도 알려졌을 것으로 보인다. 특히 이철환에게서 배운 복암 이기양은 목화씨를 빼는 기구인 씨아(攪車) 등에도 관심을 보이는 등, 실생활에 쓸 만한 청의 문물을 적극 받아들이던 인물이었다. 그는 중국에 다녀오는 사람을 통해 '종두법'이 적힌 책을 구하였다. 이 책이 바로 정망이의 『종두방』이다(②, ⑥).

『정씨종두방』을 보다가 정약용은 규장각에 드나들면서 친해진 박제가에게서 다시 종두서를 얻어 보았는데 그것이 『의종금감醫宗金鑑』에 있는 「종두요지」였다. 정약용은 두 책을 정리해 『종두방』이란 한 책으로 편저했는데 정조가 죽고 난 뒤 난리 통에 이 책을 잃어버렸다고 한다(⑤).

현재 『마과회통』에는 『정씨종두방』과 『의종금감』을 인용해 편집한 종두법이 「종두요지」라는 편명으로 덧붙여 있는데, 바로 정약용이 1800년에 정리한 「종두방」으로 보인다.

『마과회통』이 주로 마진의 정체와 유사 마과질환들의 분류에 온 힘을 기울였다면, 「종두요지」는 종두 시술 도입에 목표를 두고 쓴 것이다. 「종두요지」는 22항목으로 이루어졌는데 모두 종두의 방법론에 대한 논술이다. 정약용은 「종두요지」를 편술하면서 주로 『의종금감』과 『정씨종두방』 등의 청대 의서를 편집했지만, 항목에 따라 '안案(자신의 견해)'을 빼놓지 않았다. 더불어 술사들의 미신은 모두 배격했다.

종두 시술

정약용이 태독으로 야기된 두진에 어떻게 해서 종두의 방법을 사용하게 되었을까?

정약용은 정망이鄭望頤를 인용해 다음과 같이 말한다. "두진의 발병은 태독이 속에 잠복했다가 유행하는 나쁜 기운에 감염되어 밖으로 나오는 것이다. (중략) 천지간의 여섯 가지 기운에 감염되는 여기癘氣, 온역기瘟疫氣, 장기瘴氣와는 다른 것이다."

두진을 상한이나 온역 등의 시기역병時氣疫病과 구분하고 태독으로 인한 것임을 인정한 순간, 두진을 치료하는 방법은 어쩔 수 없이 인간으로서 타고나는 태독을 순하게 끌어내어(순증順症) 다른 감염(상한傷寒, 상풍傷風 등)에 의한 역증逆症으로 옮지 않도록 이끄는 것이 중요한 치료법이 되었다.

그런데 중국의 종두서種痘書들은 한결같이 태독을 몸 밖으로 순하게 내보내는 방법으로 '종두'를 으뜸으로 소개하고 있었다.

종두는 병들기 전에 베풀 수 있는 법이다. (중략) ①태독을 몸 밖에서 속으로 전달해 ②속에서 다시 밖으로 이르게 하니 이미 다른 증세가 사이에 끼어들 일이 없다. 동시에 좋

은 처방으로 순하게 인도해 점점 몸을 덥게 하면 ③태독이
모두 나오는 것이다. 이렇게 하면 병증病症이 많고 변괴變怪
를 헤아릴 수가 없어 이름난 의원도 어쩔 수 없는 지경에
이르는 것을 염려할 것 없다.   (「의종금감」)

　종두의 두진 치료 과정과 효과를 이만큼 자신 있게 소개한
의서는 없었다. ①처럼 태독을 몸 밖에서 몸 안으로 집어넣기
만 하면 ③과 같이 태독이 모두 나와 완치한다는 것이다. 문
제는 이와 같이 종두의 효과를 적극 믿고 따른다고 해도 '어
떻게 태독을 몸 안에 집어넣을 수 있는가' 하는 점이다.
　정약용은 다음과 같이 몇 가지 방법을 소개했다. 먼저 두장
痘醬(천연두)을 채취해 쓰는 법, 둘째, 두진을 앓은 아이의 옷을
입히는 법, 셋째, 두흔痘痕(마마 자국)을 말려 가루로 만든 뒤 코
로 빨아들이게 하는 법(旱苗), 마지막으로 습기 있는 두흔을 코
로 빨아들이게 하는 법(水苗) 등인데 수묘의 방법이 가장 안전
하다고 보았다. 수묘란 두창딱지를 가루 내어 물에 갠 뒤 빨아
들이도록 한 데서 나온 이름이다.
　여전히 풀어야 할 문제는 남아 있었다. 바로 어떤 두묘痘苗
를 선택해야 하는 것이다. 두창의 흔적이면 아무 것이나 가능
한가? 그렇지 않았다. 정망이의 주장대로 반드시 처음 나온 두
창에서 떨어진 두흔을 사용해야 했다. 이것이 유행流行의 독
기가 없는 종묘種苗이다. 반면에 저절로 솟아난 두흔의 딱지
를 사용하면 유행의 기운이 들어 있는 시묘時苗이므로 다른

아이에게서 두창에 감염되는 것과 같았다. 실패할 위험을 무릅쓰고 시묘를 쓰기보다는 종묘만을 쓰도록 한 것이다. 이러한 종묘의 조건은 두창의 낱알이 드물고 색깔이 붉고 윤택하며 두장이 풍부한 것이다.

좋은 종묘를 언제 어디서나 얻을 수 있는가? 역시 그렇지 않았다. 종묘가 없다면 종두는 아무 소용이 없는 일이다. 따라서 종묘의 수급은 매우 절실한 문제였다. 필요한 종묘를 얻었을 때에는 이를 잘 보관하고 숙성하는 과정이 필요했다. 이것이 바로 축묘畜苗의 단계였다. 좋은 묘를 얻으면 곧바로 새 도자기 병에 넣고 밀봉해 깨끗하고 서늘한 곳에 두어야 하는데 그러면 봄철에는 한 달 동안, 겨울에는 두 달까지 사용해도 좋다는 설명이다. 이렇게 해서 시묘보다는 종묘를, 종묘보다는 숙묘熟苗를 시술하는 것이 안전하고 효과가 높다는 사실을 강조했다.

이제 남은 일은 숙묘를 접종하는 하종下種이다. 역시 문제는 하종할 때 나이와 성별에 따라 어느 정도의 두묘를 시술해야 하는지 정확하지 않았다는 점이다. 『의종금감』에서는 1세의 경우 20여 알, 3~4세는 30여 알의 두진 딱지를 사용해 종묘하도록 권한 반면 『정씨종두방』은 한 명 당 서너 개의 종묘를 쓰라고 하니 어느 설명을 따라야 할지 난감한 상황이었다. 정약용은 두 가지를 잘 헤아려야 한다고 말할 뿐이다. 정약용 자신도 명확치 않은 것이다. 아마 여러 번의 실험 과정을 거쳐야만 안전하게 시술할 수 있는 일정한 양에 대한 자료를 얻을 수 있었을 것이다. 아쉽게도 정약용이 실험을 했다는 기록은 보이지 않는다. 다만 18세기 후반 이후 종두법이 널리 퍼지는 것으로 보아 조선인에게 적당한 종묘의 계량이 가능해진 것으로 보인다.

안정된 종묘와 일정한 양에 대한 자료가 없는 상황에서 종두 시술에 따르는 책임은 모두 종사種師들이 져야 했다. 따라서 종사들은 여러 가지 미신을 동원해 방패를 삼으려 했다. 두신痘神을 화나게 하면 안 된다는 인식 때문에 종두의 계절별 택일, 아이의 선택 등에 대해 황당한 말을 기술해 만약의 사태에 대비한 것이다.

먼저 '천시天時' '택일擇日' 등을 내세워 종두에 적합한 계절과 길한 때를 정해두고 만약 실패했을 때 원인을 여기로 돌렸다. 정약용은 이같은 술가들의 논설을 매우 비판했다. 천시를 입에 올리는 종사들에게 '천시'란 믿을 수 없는 개념임을 지적했다. 정약용은 시묘로 종두하면서 실패할 확률이 높아지자 꺼리는 일이 많아진 것뿐이라고 보았다.

둘째, 길한 날을 잡아 종두하는 법의 경우도 모두 거짓과 혼란일 뿐이라고 비판했다. 종사들이 이런 말을 해 한때나마 사람들로 하여금 미묘한 것이 있는 것처럼 여기도록 하지만 실제 정씨(정망이)와 같은 이는 택길을 말하지 않았으니 그 기술이 정묘한 까닭이라고 주장했다.

마지막으로 종사들은 열악한 환경 탓으로도 모자랐던지 종두를 해서 성공할 수 없는 아이들을 미리 정하기도 했다. (1) 얼굴빛이 창백하거나 검거나 누르며 정기가 없는 아이 (2) 두

눈에 검은색이 많고 흰자위가 청색 빛이거나 눈초리가 올바르지 못한 아이 (3) 턱이 꺼지거나 뾰족한 아이 (4) 두개골이 벌어진 아이 (5) 가슴이 굽은 아이 (6) 곱사등인 아이 (7) 다리가 빈약한 아이 (8) 콧구멍이 작은 아이 (9) 기운이 막히고 목소리가 맑지 못한 아이 (10) 야위고 흐늘거리는 아이 (11) 몸이 야위어 살이 없는 아이 (12) 몸에 옴이나 부스럼이 있는 아이 (13) 배에 무엇인가 쌓여 막힌 아이 (14) 목에 결핵이 있는 아이 (15) 병을 앓고 원기회복이 덜된 아이 (16) 간질이 있는 아이 (17) 젖을 뗀 아이 (18) 혈기가 부족한 아이 (19) 비위가 약한 아이 (20) 정신이 권태로운 아이 (21) 맥박이 평온하지 못한 아이 등 거의 20가지에 이르는 적합하지 않은 형을 나열했다.

이 정도면 정약용이 보기에 대부분의 아이들은 접종받기 힘들었다. 오히려 이 같은 기준은 종사들의 방패막이일 뿐이라며 아래와 같이 지적했다.

한 번이라도 실패하면 종사가 모든 책임을 뒤집어쓰므로 종사로서는 이 같은 아이를 선별하려고 하는 것이 당연하다. 그러나 부모의 정리로 논한다면 이미 아이가 허약해 종두를 감당할 정도가 아니라면 유행하는 두창을 감당할 수 있겠는가? 그러니 우연히 질병이 있는 사람이라면 회복하기를 조금 기다려 접종하는 것이 낫다. 만약 태어날 때부터 허약한 아이라면 더욱 종사를 불러다가 두창을 앓지 않도록 해야 할 것이다.

다산의 바람

정약용은 모든 미신의 논설과 의학론에 대해서 비판의 강도를 늦추지 않았다. 종두의 원리에 대해 생리학의 설명을 알지 못한 채, 여전히 '태독을 순하게 바깥으로 끌어내어 독기를 제거하는 것'이라고 생각하던 그였지만 술가들이 말하듯이 '두묘의 기운이 코를 통해 폐로 전해진다. 피부를 주관하는 폐는 다시 이 기운을 심장에 전달하고 심장이 비장脾臟에 전하면 비장은 간肝에 전하고 다시 간이 신장腎臟에 전하고 신장은 뼈를 주관해 골수骨髓에 묻혀 있던 두창의 태독을 움직이게 한다'는 설명은 황당한 소리라고 비판한 것이다.

정약용의 두진에 대한 지식은 조선과 명·청의 의학서를 구본舊本으로 하면서 새로운 종두법을 신참新參하는 것이었다. 1798년의 『마과회통』이 구본의 총 집합체라면 1800년의 「종두요지」는 바로 신참으로 전진하는 모습이었다.

미신과 허황된 의론을 배척하고 경험과 객관성 있는 이론을 종합한(會通) 정약용은 과거에만 매이지 않고 새로운 체계의 실마리를 찾는 진정한 실학자였다. 비록 의사는 아니었지만 그의 실용 학문에 대한 열정은 대단했다. 당시 『동의보감』만을 굳게 따르던 의학계의 습관에 신선한 충격이었음이 분명하다. 모든 속의들이 잘 모르면서 전통만 고집하고 또 알량한 지식으로 거드름을 피우는 세태를 꾸짖는 그의 태도는 현재에도 그 빛이 바래지 않는다. 그런 태도를 정약용의 글을 통해 쉽게 짐작할 수 있다.

　의서란 매우 어렵다. 가결歌訣 등은 몇 가지씩 외우지만
두진 한 가지 증세를 논할 때에는 조목을 분석하고 변형해
방서方書가 매우 많아 현재 의원들이 이를 모두 외울 수가
없다. 그런데도 환자가 있는 집에 가면 왜 목을 뻣뻣이 세우
고 잘난 척을 하며 종이를 펴들고는 손가는 대로 써 내려가
는지 모르겠다. 약재 이름을 한번 보고 휘갈겨 쓰고 한 글자
도 고치지 않고는 방문方文을 방바닥에 던지면서 곁눈질을
한다. 주인이 공손하게 주워 조심스럽게 보다가 한 가지를
지적하려 하면 의원은 성을 내며 ‘염려한다면 쓰지 말라. 나
는 고치든 말든 모르겠다’고 소리친다. 어찌 성인聖人도 아
니면서 이처럼 스스로 높은 체할 수 있는가.

강명길, 『동의보감』을 새롭게 다시 만들다

백성들을 널리 구제하라

『정조실록正祖實錄』 52권 정조 23년 12월 11일에 기사는 『제중신편濟衆新編』의 완성을 다음과 같이 알리고 있다.

『제중신편』을 완성했다. 정조가 세자로 있을 때 10년 동안 약 시중을 들면서 아침저녁으로 끊임없이 연구한 것은 진맥에 대한 비결과 탕약에 대한 이론들이다. 이를 계기로 널리 의술의 이치를 탐구해 위로는 『소문素問』과 『난경難經』에서 아래로는 역대의 모든 처방에 이르기까지 모두 골고루 열람했다.

본조本朝의 의학 책으로는 오직 허준의『동의보감』이 가장 상세하다고 말해 왔으나 글이 어수선하고 내용이 겹치는가 하면 소홀히 다루거나 빠뜨린 부분 또한 많았다. 정조가 여기에 교정을 가하고 범례를 붙여『수민묘전壽民妙詮』아홉 권을 만들어 낸 다음 다시 내의원에 명해 여러 처방들을 모아 어수선한 것은 지우고 요점만 골라 경험방을 그 사이에 덧붙여 세상에 널리 퍼질 수 있는 책 1부를 따로 편집하게 했다. 그러나 몇 차례에 걸쳐 원고 수정 작업을 계속해 오다가 정조가 즉위한 지 24년이 되는 때에 이르러서야 책을 완성했다.

내용을 보면 원편原編이 여덟 권이고 목록이 한 권으로 풍風·한寒·서暑·습濕에서 약성가藥性歌에 이르기까지 모두 70목目으로 되어 있는데, 1목마다 먼저 진맥에 대한 비결과 증세를 서술한 다음 합당한 처방과 약제를 붙여 놓음으로써 멀리 외딴 시골에 사는 백성들까지도 한번 책을 보기만 하면 환히 알게끔 했다. 그리고는 그 책의 이름을『제중신편』이라 하고 주자소鑄字所에 넘겨 간행해서 반포토록 하는 한편 내의원 도제조인 이병모李秉模에게 서문序文을 지으라고 명했다.

한편 같은 날『일성록日省錄』의 기사는『제중신편』을 인쇄해 규장각과 내의원, 강명길을 비롯한 여러 신하들에게 반포하는 내용을 적고 있다. 서고西庫에 서른 한 권, 내각內閣에 한 권, 내의원에 한 권, 화성행궁華城行宮에 한 권, 유수영留守營

에 한 권, 각 신하들과 저자인 강명길에게도 내사기內賜記를 적어 한 권을 하사했다.

『제중신편』의 발문에서 강명길은 이미 내의원 어의로 근무하던 때부터 당시 세자인 정조正祖의 명을 받아 18세기 의료 상황에 맞도록 『동의보감』을 재편하는 작업을 진행했다고 한다. 정조는 『동의보감』의 어수선함을 깎아내고 요점을 살린 의서를 요구했다.

오호라, 선왕조先王朝 기축년己丑年(1769년, 영조45년)에 강명길이 처음으로 태의원에 들어갔다. 지금 전하(정조)가 세자로 계실 때에 신(강명길)을 불러 의학의 이론을 질문하셨다. 대개 소문과 난경부터 역대의 모든 의서들에 대해 깊고 자세하고 꼼꼼하지 않은 것이 없었으며, 신으로 하여금 보고 들은 모든 것에 대해 힘을 다해 설명하도록 했다. 이윽고 다음과 같이 가르쳐 보여주었다.

내가 선왕(영조)께서 오랫동안 몸과 마음을 안정하고 있을 때 약을 달여 들이는 틈을 타서 의서들을 보고 기술 가운데 의술보다 더 어진 것이 없는 것을 알았으니 백성의 목숨을 다스리는 자가 더욱 뜻을 다하지 않을 수 없었다. 우리나라의 의서로는 오직 허준의 『동의보감』이 있는데, 비록 상세하다고들 하지만 글이 어수선하고 쓸데없기도 하고 말이 겹치거나 증상이 빠진 것들이 있으며 지금 응용하는 처방들도 기록하지 않은 것들 또한 많았다.

『내경』에 이르지 않았는가? 그 요점을 아는 사람은 한 마디로 다 할 수 있으나 그 요점을 모르는 사람은 어수선해 끝이 없는 것이다. 그러므로 그대(강명길)는 모든 의서들을 널리 모아 어수선한 것을 버리고 그 요점만을 골라 따로 한 책을 만들어 바치라고 했다.

강명길은 성품이 본래 용렬하고 어리석은 데다 학식이 근원을 연구하지 못해 명령을 받들자 매우 황송했다. 밤낮을 쉬지 않고 부지런히 모든 의서들을 모아서 전하의 명령에 따라 어수선한 것을 버리고 요점만 골라 여덟 권을 묶었다. 묶는 대로 전하에게 보이면 곧 보시고는 더 쓸 것과 지울 것을 지시했으니 수십여 번을 보시고 비로소 이 책을 완성했다.

이윽고 임금께서 내각에 명하시어 인쇄 뒤 전국 각지에 반포하도록 했으니 천하 만민들 모두 전하의 백성을 구제하려는 은덕을 입을 수 있었다. 강명길이 책이 완성됨을 아뢰고 실로 영광을 말로 다 할 수 없어 몇 마디 적어 그 전말을 기록한다.

기미년(1799) 4월 숭록대부 행지중추부사 신 강명길은 삼가 공손히 기록한다.

정조와 맺은 인연

강명길은 1737년에 태어나 1801년에 죽었다. 그의 집안은 중인 집안의 전형으로 조선 시대 전체에 걸쳐 수많은 의관, 주학籌學, 역관, 율관을 배출했다. 특히 주학籌學과 의학醫學에 종

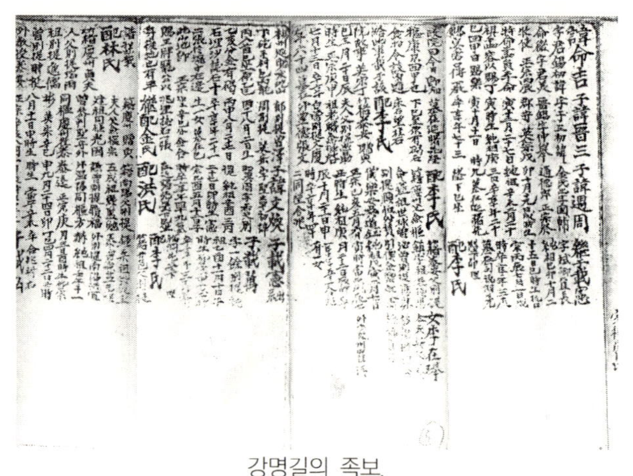

강명길의 족보.

사한 자들이 대다수인데 강명길의 처가는 대대로 주학을 전공한 집안이었다. 주학과 의학은 음양과 오행 등 상수학에 일정한 관심을 기울였으므로 다른 중인 분과보다 쉽게 이동할 수 있었다. 강명길의 아버지도 원래는 주학으로 입격했다가 다시 의학으로 출신한 적이 있다.

나이 32세인 1768년(영조44)에 의과에 합격한 강명길은 곧바로 1년 뒤에 내의원에 들어갔다. 정조가 임금이 되기 전에 살던 곳에 있을 때부터 정조와 친밀하던 그는 내의원에 들어간 지 얼마 지나지 않아 수의首醫가 되었다.

『태의원선생안』에 따르면 17년 동안 내의원에서 수의로 활약했다는 기록이 있다. 그가 54세에 인천부사를 시작으로 외직으로 나간 점을 눈여겨 보면 33세에 내의원에 들어가 54세까지 20년 동안을 내의원에 종사했음을 알 수 있는데 이 가운데 17년 동안을 수의로 활동했으니 대략 내의원에 들어간 지 3년 안에 내의원 수의 자리에 오른 것이다.

이 모든 일은 정조의 총애 덕분이었다. 강명길은 젊은 시절의 정조를 조석으로 모셨다. 그리고 정조의 기질에 적합한 약물을 처방해 그의 건강을 돌보았다. 정조는 20대에 너무 신경을 많이 써 몸이 쇠약한 상태였던 것으로 보인다. 신열身熱이 날 정도여서 항시 열을 내리는 준한峻寒 약물을 먹었는데 강명길은 이러한 정조의 체질을 잘 살펴 고암심신환이라는 약물을 오래 먹도록 도왔다. 고암심신환은 동의보감에 실려 있는 처방으로, 특히 기력과 심신의 허한 증세를 치료하는 일종의 보약이다. 숙지황·마른 지황·산약(마)·복신에 당귀·택사·산수유·구기자·우슬(쇠무릎)·황련·목단피(모란뿌리껍질)·녹용 등을 넣어 졸인 뒤 말려서 가루를 낸 다음 꿀에 버무려 작은 환으로 만들어 100알 정도씩 먹으면 효과를 볼 수 있다.

훗날 정조는 고암심신환의 효과를 매우 칭찬하면서 자신의 체질을 고려해 약을 만들어준 강명길을 남달리 아꼈다.

고암심신환古菴心腎丸은 가히 최상의 성약聖藥이라 할 수 있다. 나는 젊었을 적에 몸에 열熱이 많아서 음식을 겨우 먹었으므로, 날마다 우황牛黃이나 금은화金銀花 따위를 먹는 일을 일과로 삼았다. 그리고 20세 후반부터 30세 후반까지는 심신환을 먹었는데, 그 크기가 굵은 소합원蘇合元만 날마다 100여 개쯤 삼켰다. 이처럼 약을 먹은 기간이 10여 년이었고 그 사이에 달인 약도 마셨으니 먹은 분량이 섬(石)으로 계산할 수 있을 정도다. 이는 수의 강명길이 내 동궁

시절 때부터 조석으로 함께 지낸 탓에 내가 타고난 기질을
잘 알아 그렇게 한 것이다.

(『홍재전서弘齋全書』 권178, 「일득록日得錄」, 18 훈어訓語 5)

특히 강명길은 무리하게 몸의 열을 내리는 강한 약물만을
선호한 것이 아니라 몸을 보하면서 열을 내려주는 보사補瀉를
적절하게 같이 씀으로써 정조의 신뢰를 더욱 쌓아나갔다. 뿐
만 아니라 『동의보감』이라고 무조건 따르지도 않았다. 이 점
이 더욱 정조의 마음에 든 것이다.

청심음淸心飮은 기질이 뜨거운 사람에게 매우 좋으니,
이는 대개 연밥(蓮子)의 효능이 심장을 맑게 하고 비장脾臟
을 보강함으로써 열을 내렸기 때문이다. 그런데 이것을 해
마다 소요산逍遙散과 함께 마시기를 보통일로 삼는 것은,
목마름을 멈추고 열을 씻어내는 데는 단지 깎아 내리는 '조
제燥劑'만으로는 그 효과를 기대하기 힘들기 때문이다. 연
자육蓮子肉 같은 것은 기운을 부드럽게 해 주는 성질이 있는
데, 소요산 가운데 작약芍藥과 당귀當歸 등의 종류도 역시 그
렇다. 그리고 소요산은 곧 『의학입문醫學入門』의 옹저편癰疽
篇에 나오는 약이며, 부인의 월경 부족증을 치료한다. 그런데
도 이러한 사실이 『동의보감』에는 실려 있지 않다. 그러나
강명길이 본디 의술을 풍부히 지녔으므로 중론을 물리치고
이 약을 올렸기에 비로소 신기한 효험을 보았다.

(『홍재전서』 권178, 「일득록」, 18 훈어訓語 5)

이렇게 정조의 사랑을 듬뿍 받던 강명길은 그 뒤 50여 세가 될 때까지 줄곧 내의원 수의로 활약했다.

외직으로 출세함

1790년 그의 나의 54세가 되던 해 그는 처음으로 인천부사를 발령받아 외직을 시작했다. 대개 내의원에 근무하던 의원들은 사또로 근무하게 되어도 경기도 근처에 외직을 발령받았다. 임금 등 왕실에 치료할 일이 있을 때 바로 달려올 수 있도록 배려한 것이다. 그러나 대부분 행정 실무능력이 떨어지던 의원들은 좀처럼 좋은 사또로 명성을 날리기가 어려웠던 것이 현실이다. 임금의 총애로 수령을 임명받은 경우가 대부분이기 때문이다.

1790년 11월에 인천부사로 발령을 받은 강명길은 무슨 까닭에선지 다음 달인 12월에 삭녕군으로 부임했다가 1792년 1월에는 고양군으로 옮겨왔다. 그러나 고양군에서도 몇 달 근무하지 않고 바로 5월에 풍덕부사로 이직했고, 1793년 57세가 되던 해 다시 경기도 부평부사로 부임했다. 몇 년 사이에 여러 번 근무 지역을 이동하면서 수령직을 담당한 것이다.

그러나 암행어사로 경기도 일대를 감찰하던 다산 정약용의 눈을 피할 수는 없었다. 그는 탐관오리라는 불명예스러운 탄핵을 받기에 이른다. 때는 1794년 11월, 그의 나이 58세였다.

전 군수 강명길은 늘그막의 탐욕이 끝이 없고, 야비하고 인색함이 너무 극심한 자로 백성의 소송과 관가의 사무에 머리를 저으며 관여하지 않고, 식비食費며 봉록俸祿을 후려쳐서 차지하고 함부로 거둬들이며, 표절사表節祠와 회감會減할 곡물을 높은 값에 부민富民에게 강제 징수하고, 산화전山火田에 남세濫稅(함부로 세금을 매김)하는 법을 높은 세율로 흉년에 더 증가시키며 향임鄕任은 뇌물 바치는 문을 항시 열어 두었고, 귀탁歸橐은 흙을 실어 나르는 배가 돈을 벌지 못할 정도였으므로 아전의 원망과 백성의 한탄이 지금도 끝이 없어서 체직遞職된 지 오래되었지만 죄가 많습니다.

(다산시문집 제10권 계啓)

강명길을 총애하던 정조는 죄를 덜어주려고 했지만 정약용은 온 힘을 다해 비판하면서 지금껏 수령직을 하면서 이렇게까지 부정한 재물을 탐하고 가혹하게 세금을 거두어들인 것을 보지 못했노라고 혹평했다.

의학에도 밝았던 다산은 강명길의 의술을 폄하했다. 오직 임금의 말씀만을 시종일관 따르는 아부로 의술이 정밀하지 못한데도 수의에 올랐다고 지적한 것이다.

강명길의 비루함을 반박한 사람은 비단 다산만이 아니었다. 당대 최고의 의원으로 이름을 날리던 정희태鄭希泰는 진맥診脈의 묘리를 터득했으며 여러 가지 약으로 사람들의 질병을 신기하게 고치곤 했다. 특히 지조와 기개가 드높아 비록 권력

가들이 맞이해 초청해도 전혀 아첨하지 않은 것으로 더욱 유명했다. 환자의 병을 논하는 것밖에는 대관大官들과 한 마디도 말을 주고받지 않았다.

정희태가 내의원內醫院 의원으로 뽑혔는데 수의인 강명길의 인품을 비루하게 여겨 예우하지 않은 일이 있었다. 이에 강명길이 내의원의 옛 준례를 내세워 꾸짖자, 그는 "옛 준례가 어찌 다 옳겠는가"하고 응수하면서 강명길과 대립했다. 그런 정희태를 미워하던 강명길은, 성상聖上을 진찰하고 약물藥物을 논해 여러 번 효험을 올린 정희태에게 상을 주려하자 이를 방해하면서 결단코 주지 못하게 했다고 전해진다.

1794년 12월 겨울, 드디어 강명길은 해주로 유배 길에 오를 수밖에 없었다. 그러나 파직에 이은 해주 유배 생활은 오래 가지 않았다. 1795년 1월 정조가 위독해졌기 때문이다. 이에 바로 죄인 강명길을 유배에서 풀어 내의원에 복직하라는 명이 내려지고 그는 내의원에 복직하였다.

당시 강명길은 『제중신편』의 간행에 더욱 박차를 가한 것으로 보인다. 이런 그를 정조는 너무나도 총애하였다. 환갑잔치를 하도록 내탕금을 내려주는가 하면 연회에 직접 어용화가를 보내 초상을 그려주기도 했다.

1799년, 강명길의 나이 63세가 되던 해 드디어 『동의보감』의 업그레이드 판인 『제중신편』이 완성되었다. 『제중신편』의 간행으로 『동의보감』의 실용화는 한 단계 더 나아갈 수 있었다. 이후 더욱 간편하고 실용적인 의서들의 경향이 농후해지면서 19세기 중후반에 이르러서는 그 절정을 이루게 되었다. 모두 『제중신편』의 영향이었다.

증세와 치료의 이론에 대한 자세한 설명보다는 단지 처방과 처방전을 구성하는 약재 이름을 사전처럼 만들어 찾기에 편하도록 색인을 갖춘 의서들이 여럿 간행된 것이다. 『의방활투醫方活套』『의종손익醫宗損益』『방약합편方藥合編』『단방신편單方新編』 등이 대표 의서들이었다.

『제중신편』 저술의 공로를 인정받은 강명길은 이듬해 1800년 2월 양주목사로 발령을 받았다. 그러나 6월 정조가 매우 위독해지면서 다시금 내의원으로 근무처를 옮기게 되었다. 그 후 7월 13일 정조가 죽을 때까지 내의원 수의로 활동하였다.

강명길은 자신을 아끼던 정조가 사망하자, 그 책임을 지고 유배형에 처해졌다. 당시 의관이었던 심인沈鏔은 경흥부慶興府로, 피재길皮載吉은 무산부茂山府로, 정윤교鄭允僑는 위원군渭原郡으로 유배되었는데, 강명길은 유배처로 가기 전에 사망하고 말았다. 때문에 그의 아들들이 각각 섬으로 유배되는 결정이 뒤따랐다. 현재 강명길의 무덤은 서울시 은평구 응암동 백련산의 매바위골에 있는 것으로 전해진다.

스승 주명신과 『제중신편』

파란만장한 일생을 살아온 정조대 명의 강명길의 스승은 영조대 명의 주명신이다. 주명신이 1724(경종4년)에 지은 것으로 알려진 『의문보감』은 일제시대까지도 계속 출판할 정도로 널리 애용한 의서였다. 이는 『동의보감』을 기본으로 하면서도 주명신만의 경험이 수록되어 새롭게 밝힌 바가 적지 않았기 때문이다. 이는 『의문보감』에 그가 쓴 글에 분명히 나와 있다.

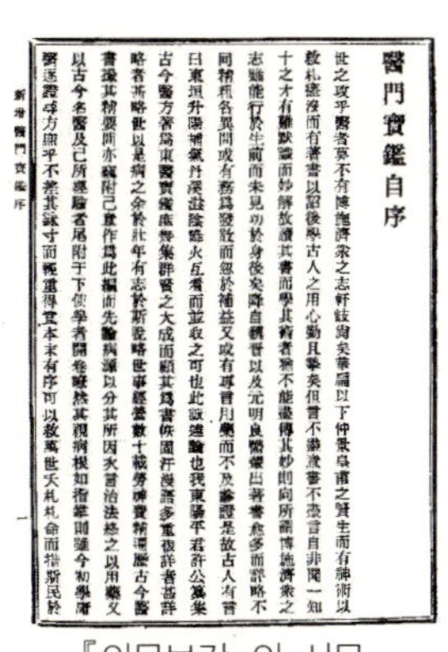
『의문보감』의 서문.

　우리나라 양평군陽平君 허공許公이 예전과 지금의 의방醫方들 여럿을 모아 저술한 것이 『동의보감』인데 여러 학자들이 크게 성취한 것들을 거의 모은 것이라고 할 수 있으나, 그 책을 놓고 볼 때 분량이 많고 겹친 말이 많으며 또 상세한 것은 지나치게 상세하고 간략한 것은 너무 간략해서 세인世人들이 이런 점을 흠으로 여겼다. 나는 장년기에 여기에 뜻을 두고 세상일에서 벗어나 수십 년 동안 정력을 쏟아 예전과 지금의 의서들을 널리 섭렵하고 그 중요한 요점을 골랐으며 간간이 내 견해를 덧붙여 이 책을 만들었다.

(『의문보감』 서문)

　이미 보았듯이 강명길의 『제중신편』은 『동의보감』의 장점을 살리면서 단점을 보충하려고 만든 의서였다. 그것은 『동의보감』이 나온 뒤에 발전한 의학을 도입하면서 동시에 성장

하던 민간에게 가장 쓸 만한 처방전 모음집을 제공하는 것이
었다. 이때 스승 주명신의 의서가 바탕이 될 수밖에 없었던
것이다.

조선의학의 르네상스

　조선의학은 크게 보아 중국의학의 영향 아래 있었지만, 조선 특유의 풍속과 고대부터 전해오는 의술의 전통 속에서 나름대로의 색깔을 드러내고 있었다.

　15세기 식치 의학의 경우, '조선 사람은 조선의 식물食物로 치료하자'는 향약鄕藥의 정신과 어우러져 더욱 독특한 형태로 발전할 수 있었다. 이는 후일 조선 왕실 특유의 음식 문화와 밀접하게 연관되기도 했다.

　임언국의 종기 치료는 침구술과 밀접하게 결합하면서 발달해 온 조선 외과 의학의 모습을 드러내 주는 데 손색이 없는 것이었다. 이러한 전통 속에서 17세기 동아시아에 자랑할 만한 허임과 같은 침구 의학의 대가가 탄생할 수 있었다.

허준의 『동의보감』은 조선의 이데올로기인 유학의 인간관을 '몸'으로까지 확장하는 데 성공한 중요한 의철학 서적이었다. '자연을 닮은 인간'이라는 이데올로기는 도덕의 준수야말로 건강함의 기초가 될 수 있다는 양생의 철학과 실천윤리를 제공했기 때문이다.

특히 동의보감은 임언국과 허임으로 이어지는 침구 의학의 전통과는 다른 약물 의학을 집대성함으로써 이후 조선 후기 의학 발달의 거대한 근원이 되었다. 이를 토대로 18세기 후반 새롭게 업그레이드 된 『제중신편』의 간행이 가능했기 때문이다. 16세기 후반과 17세기초에 『동의보감』으로 정리된 조선 의학이 조선 후기에 이르러 다시 한번 시대에 적절하게 새롭게 변모한 것이었다. 이 책이 나옴으로써 이후 수많은 향의鄕醫들이 활동할 수 있는 배경이 마련될 수 있었다.

이러한 가능성을 우리는 유이태라는 산청 지역의 의원을 통해 엿볼 수 있다. 그의 활동은 후일 허준의 스승으로 오해될 만한 일화를 남겨줄 정도였다. 그만큼 조선 후기는 의학 지식과 의서의 보급이 확대된 시기로, 의원들의 숫자와 활동이 늘면서 의원들의 대중화와 전문화가 모색되고 있었다.

한편 다산 정약용은 새로운 패러다임과 실험정신으로 무장한 진정한 의학자였다. 그는 조선 시대 가장 많은 인명을 앗아가던 천연두와 홍역 치료를 위해 선진 의학을 수입하였다. 뿐만 아니라 과감하게 종두법을 시행함으로써 기왕의 패러다임을 뛰어넘는 용기를 보여주기도 했다. 실학을 몸소 실천한 정약용이야말로 진정한 조선 명의의 한 사람임에 틀림없을 것이다.

정약용이야말로 진정한 조선 명의의 한 사람임에 틀림없을 것이다.

큰글자 살림지식총서 043

조선의 명의들

펴낸날	초판 1쇄 2012년 10월 15일
	초판 3쇄 2018년 11월 9일

지은이	김호
펴낸이	심만수
펴낸곳	(주)살림출판사
출판등록	1989년 11월 1일 제9-210호

주소	경기도 파주시 광인사길 30
전화	031-955-1350 팩스 031-624-1356
홈페이지	http://www.sallimbooks.com
이메일	book@sallimbooks.com

ISBN	978-89-522-2134-6 04080
	978-89-522-3549-7 04080 (세트)

※ 이 책은 큰 글자가 읽기 편한 독자들을 위해
   글자 크기 14포인트, 4×6배판으로 제작되었습니다.